AF247874

LA
RÉFORME JUDICIAIRE
EN ÉGYPTE
DEVANT L'ASSEMBLÉE NATIONALE

Il faudrait que la législation civile des Ottomans pût être tout à fait indépendante de la loi religieuse, pour que les Européens pussent renoncer à leurs priviléges; *et des* RENONCIATIONS PARTIELLES, *au lieu de simplifier la situation, n'auraient pour résultat que d'y placer de nouveaux éléments de confusion et de créer des difficultés plus nombreuses.*

> (FÉRAUD-GIRAUD, président de chambre à la Cour d'Aix; *De la Juridiction française au Levant.* Paris, 1866, page 37, 1er volume.)

Ceux qui ne jugeront pas d'après les livres que nous avons fait descendre d'en haut sont infidèles.

> (LE KORAN, Sourate V, verset 49.)

Dans les idées musulmanes, le droit, la justice, font partie de la science et de la pratique religieuses.

> (*La Réforme judiciaire en Egypte et les Capitulations*, Alexandrie, 1874, page 8. Brochure distribuée aux membres de l'Assemblée nationale par les soins du Gouvernement égyptien.)

DEUXIÈME ÉDITION

PARIS

IMPRIMERIE NOUVELLE (ASSOCIATION OUVRIÈRE

RUE DES JEUNEURS, 14

—

1875

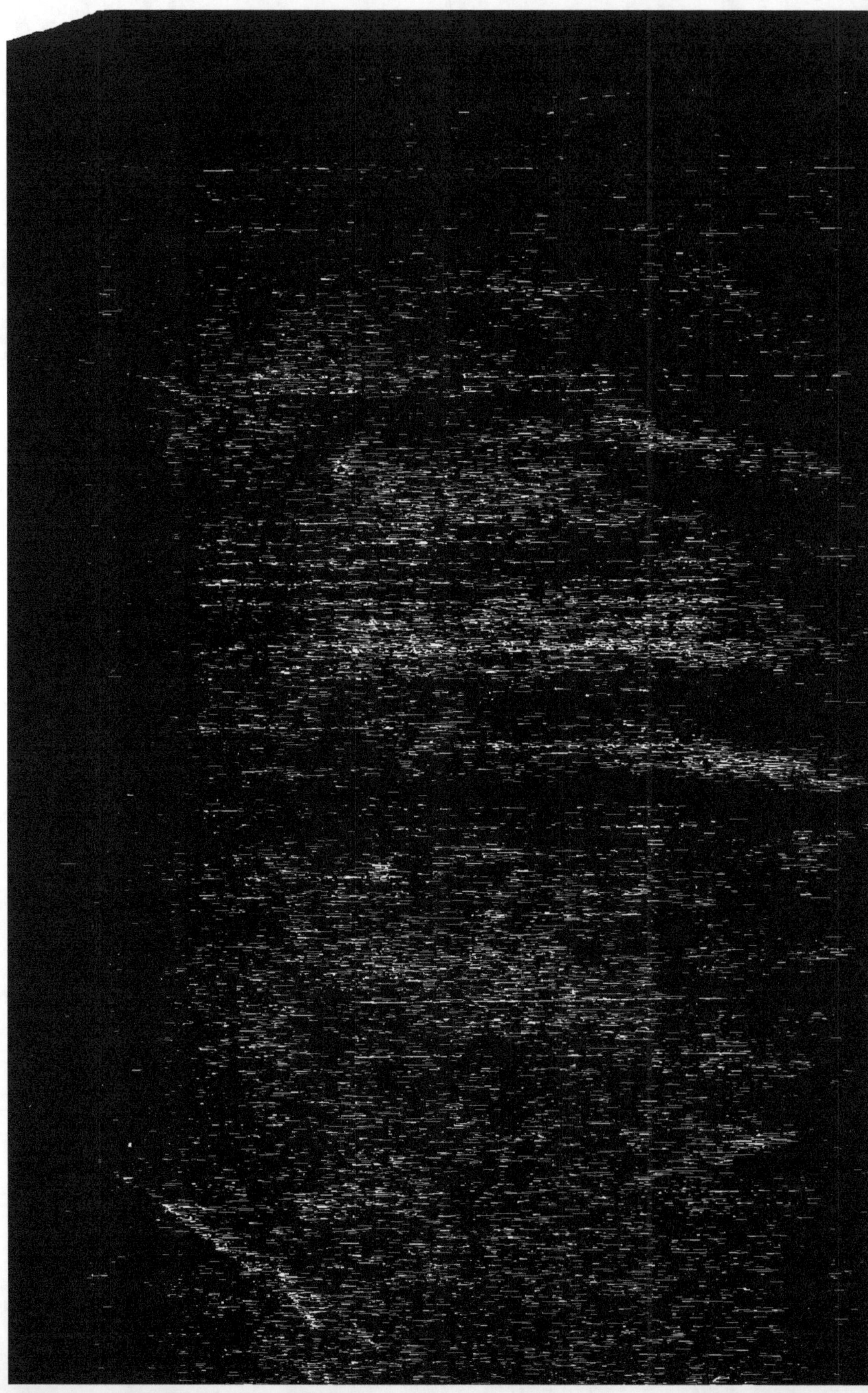

LA
RÉFORME JUDICIAIRE
EN ÉGYPTE
DEVANT L'ASSEMBLÉE NATIONALE

> Il faudrait que la législation civile des Ottomans pût être tout à fait indépendante de la loi religieuse, pour que les Européens pussent renoncer à leurs priviléges; et *des* RENONCIATIONS PARTIELLES, *au lieu de simplifier la situation, n'auraient pour résultat que d'y placer de nouveaux éléments de confusion et de créer des difficultés plus nombreuses.*
>
> (FÉRAUD-GIRAUD, président de chambre à la Cour d'Aix; *De la Juridiction française au Levant.* Paris, 1866, page 37, 1er volume.)

> Ceux qui ne jugeront pas d'après les livres que nous avons fait descendre d'en haut sont infidèles.
>
> (LE KORAN, Sourate V, verset 49.)

> Dans les idées musulmanes, le droit, la justice, font partie de la science et de la pratique religieuses.
>
> (*La Réforme judiciaire en Egypte et les Capitulations*, Alexandrie, 1874, page 8. Brochure distribuée aux membres de l'Assemblée nationale par les soins du Gouvernement égyptien.)

DEUXIEME ÉDITION

PARIS

IMPRIMERIE NOUVELLE (ASSOCIATION OUVRIÈRE)

RUE DES JEUNEURS, 14

—

1875

AVANT-PROPOS

L'Assemblée nationale est saisie d'un projet d'organisation judiciaire en Egypte, destiné à mettre fin à un régime à l'abri duquel : « les étrangers ont fait en peu d'années, de ce pays, « l'une des contrées les plus riches du monde, » suivant les termes de l'*Exposé des motifs*.

Disons tout d'abord qu'on ne saurait faire de façon plus concluante l'éloge du régime, et aussi des étrangers auxquels est dû un résultat si prestigieux.

Autant de motifs pour examiner avec une attention scrupuleuse la valeur des raisons qui ont pu sembler assez puissantes pour nécessiter l'abandon d'un *modus vivendi* consacré par une telle expérience.

Malheureusement, ces questions sont présentées d'une manière très incomplète dans les documents officiels.

Résolus à s'entourer de tous les éléments d'appréciation, un certain nombre de membres éminents de l'Assemblée ont manifesté à l'auteur le désir de connaître les objections diverses que la convention soulève, particulièrement au point de vue du droit international, des lois et des mœurs musulmanes.

Telle a été l'origine de cette impartiale étude.

Paris, le 1er mars 1875.

LA

RÉFORME JUDICIAIRE

EN ÉGYPTE

DEVANT L'ASSEMBLÉE NATIONALE

QUESTION PRÉJUDICIELLE

LA FRANCE PEUT-ELLE TRAITER VALABLEMENT AVEC LE KHÉDIVE

Lorsque des plénipotentiaires se réunissent pour entamer une négociation, la première formalité mentionnée au procès-verbal est que les parties se sont communiqué leurs pouvoirs, lesquels ont été trouvés en dûe forme.

Or, il n'est rien dit de semblable au début des conférences de Constantinople. Une dépêche de M. de Vogüé à M. de Rémusat relate même une circonstance qui prouve que la procuration donnée par le Sultan au Khédive, avec droit de substitution, n'a pas été produite. (Voy. *Livre Jaune*, page 13.)

Nubar-Pacha est allé jusqu'à formuler cette étrange allégation que « les Puissances européennes n'avaient pas à se « préoccuper des termes d'un acte intervenu directement « entre le Sultan et le Khédive, et dont elles n'avaient eu « connaissance que par une communication tout officieuse. « Il leur suffisait de savoir que le Gouvernement égyptien « était autorisé par la Sublime-Porte. »

On reste confondu devant une pareille théorie, et on ne peut comprendre qu'elle n'ait pas été relevée en des termes appro-priés.

Il y a des règles dont il n'est donné à personne de s'affran-chir, et l'assurance avec laquelle Nubar-Pacha avance l'exis-tence d'un fait n'implique en aucune façon l'existence du fait lui-même. Pour s'en convaincre on n'a qu'à ouvrir le *Livre Jaune*, page 170 :

— Le duc Decazes, Ministre des affaires étrangères, au Consul général de France à Alexandrie. (*Télégramme.*)

« Versailles, 12 décembre 1873.

« Le Gouvernement égyptien me fait dire qu'il vient de « conclure avec vous un arrangement à propos de la Réforme « judiciaire. »

— Le Consul de France au Ministre des affaires étrangères. (*Télégramme.*)

« Alexandrie, 13 décembre 1873.

« Il n'y a rien de conclu à propos de la Réforme judiciaire. »

Ce détail caractérise parfaitement, à lui seul, les procédés de discussion du Gouvernement égyptien.

Il est donc permis de se défier.

Nous savons bien que la Porte a tout avantage à ce que les Capitulations soient détruites dans l'une de ses provinces, afin de pouvoir réclamer ensuite le même régime pour les autres ; mais elle peut avoir intérêt aussi à laisser les Puissances se compromettre, sauf à montrer ensuite les termes d'une autorisation, que l'Europe ne saurait admettre sans renverser l'ordre de choses établi par le *Firman organique de* 1841, passé en force de *traité international* par suite du Préambule de la *Convention des Détroits* (1).

Il peut y avoir là un de ces piéges, très habilement tendus, que les hommes d'Etat orientaux savent si bien dissimuler. Ce ne serait pas la première fois que la Diplomatie de Péra aurait été jouée par le Divan.

____

(1) Voy. *Traité de droit international hors chrétienté*, 3ᵉ fascicule, page 9, par l'auteur.

Et si l'on objecte que les divers gouvernements, ayant accepté la situation actuelle, nous n'avons pas à être plus difficiles, nous répondrons qu'en présence d'un pareil argument, trop souvent reproduit, il n'y aurait plus qu'à supprimer le Ministère des affaires étrangères, comme une superfétation fâcheuse dans l'état actuel de nos finances. On ne saurait admettre que son rôle doive se borner à suivre aveuglément le chemin tracé par les autres cabinets, sans s'enquérir si l'intérêt français n'est pas contraire à celui de telle ou telle nation voisine.

En résumé, la procuration délivrée, dit-on, au Khédive, a une importance capitale, bien moins encore à l'égard de la Réforme judiciaire, qu'en raison des conséquences que les termes de cette pièce peuvent entraîner dans cette partie de la politique générale qu'on désigne sous le nom de QUESTION D'ORIENT.

POSITION DE LA QUESTION

Aux termes des Capitulations, les étrangers sont libres de régler comme ils l'entendent les contestations nées entre eux, qu'ils appartiennent à la même nationalité (Cap. de 1740, art. 26) ou qu'ils relèvent de pavillons différents (id. art. 52).

D'un commun accord, il a été admis, à peu près dans toutes les provinces de l'empire ottoman, que les parties prendraient pour règle la maxime *actor sequitur forum rei*, dans les procès entre étrangers de nationalités différentes.

En Egypte, cette procédure a prévalu universellement depuis vingt-cinq ans, même pour les litiges entre indigènes et étrangers ; de telle sorte que l'Égyptien, demandeur, est tenu de porter son action devant le Tribunal consulaire du défendeur.

Le Gouvernement local prétend que c'est là un simple abus, ne reposant sur aucune base juridique, et, sans autre preuve que sa propre affirmation, il s'en autorise, non-seulement pour se prévaloir d'un prétendu droit de retour au texte des Capitulations, mais encore pour réclamer la suppression des garanties que ces traités assurent, de son propre aveu, aux étrangers, les déclarant, du reste, surannées.

Il importe donc de prouver, avant toute chose, que les Capitulations sont plus nécessaires que jamais, et que la procédure établie en Égypte repose : 1° sur le texte des Capitulations; 2° sur la ratification, par les traités subséquents, de tous les avantages accordés ou à accorder aux étrangers.

I

LES CAPITULATIONS CONSTITUENT-ELLES UNE GARANTIE SURANNÉE

Il a été dit souvent, par ceux qui n'ont pas étudié l'économie et l'histoire des Capitulations, que les garanties dont elles sont le gage étaient justifiées peut-être en d'autres temps, mais que les progrès de la civilisation les ont graduellement rend es inutiles.

Historiquement, cette allégation est précisément le contraire de la vérité. Les premières Capitulations, faites pour régler des rapports restreints, ne mentionnent que des garanties peu nombreuses. A mesure que les rapports se développent, la nécessité de multiplier les précautions contre le fanatisme musulman se fait sentir davantage.

Ainsi, par exemple, dans les Capitulations de 1173, entre la République de Pise et le sultan d'Égypte, Saladin, il n'est stipulé, en ce qui concerne les personnes, que l'inviolabilité du domicile, et encore cette garantie ne paraît-elle pas s'appliquer à la force publique.

Graduellement, et à chaque fois que les nations chrétiennes ont ensuite signé des conventions avec les princes musulmans, les garanties attachées à la personne sont allées en se précisant et en s'augmentant, à tel point que les dernières Capitulations, celles de Portugal (1843), garantissent à l'étranger tous les priviléges de l'exterritorialité, même en cas de crime.

Mais ce n'est pas tout. Ces garanties, que l'on accuse d'être surannées, les puissances ont cru indispensable de les assurer aux propres sujets chrétiens du Sultan, dans l'une de ses principales provinces; et cela, non pas à une époque perdue dans la nuit des temps, mais le 9 juin 1861. C'est, par ordre de date, la dernière Capitulation signée par la Porte. Elle est désignée sous le nom de *Règlement du Liban.*

Et, chose caractéristique, bien faite pour corroborer la donnée historique que nous venons de présenter : le *Règlement du Liban* a dû être remanié, en 1864... pour consacrer de nouvelles garanties en faveur des sujets chrétiens du Sultan.

Qu'on ne vienne donc plus prétendre que l'état de civilisation auquel, dit-on, est arrivé l'islamisme, rend inutiles les précautions prises, en d'autres temps, au profit des étrangers.

La raison de cette nécessité internationale résulte de l'état social constitutif des peuples musulmans. Ils n'ont pas de législation laïque. Leur droit procède de la révélation. Par conséquent, tant que l'islamisme existera, il restera ce qu'il a toujours été.

Cela est tellement vrai que, dans un travail envoyé récemment, par les soins du Gouvernement égyptien, à un grand nombre de députés, cette constatation se fait jour, malgré toute l'habileté du rédacteur.

Ayant à expliquer la situation de l'administration égyptienne au point de vue de la Réforme judiciaire, l'auteur laisse échapper ces aveux, qu'il est bon de recueillir :

« Dans les idées musulmanes, le droit, la justice, font partie
« de la science et de la pratique religieuses. »

(La Réforme judiciaire en Egypte et les Capitulations. Alexandrie, 1874,
page 8.)

« Les questions immobilières sont jugées, en Egypte, par un
« tribunal religieux (*le Mékhémé*), parce que *la propriété est*
« *de droit religieux.* »

(Id., page 89.)

Ces déclarations, reproduction consciencieuse des préceptes

impératifs du Koran (1), sont du reste dans le Hatt de 1856 (2). Si, après les avoir reçues du Gouvernement égyptien, la France était dupe du trompe-l'œil qu'on lui présente sous le nom de *Réforme judiciaire*, elle ne pourrait s'en prendre qu'à elle-même des désillusions qui ne tarderaient pas à se produire.

Le Gouvernement égyptien, fût-il de bonne foi, il ne peut faire que le Koran ne soit pas le Koran, c'est-à-dire la base immuable de la législation chez les nations musulmanes. Dès lors, aucune modification dans le *statu quo* n'est plus possible. C'est ce que M. le président Féraud-Giraud fait ressortir, avec toute l'autorité qui s'attache à son savoir, dans ce passage de son beau livre sur la *Juridiction au Levant :* « Il fau-
« drait que la législation civile des Ottomans pût être tout à
« fait indépendante de la loi religieuse, pour que les Euro-
« péens pussent renoncer à leurs priviléges, *et des* RENONCIA-
« CIATIONS PARTIELLES, *au lieu de simplifier la situation, n'au-*
« *raient pour résultat que d'y placer de nouveaux éléments*
« *de confusion et de créer des difficultés plus nombreuses.* »
On ne saurait formuler une condamnation plus catégorique de la prétendue Réforme judiciaire.

Le vieux prince de Metternich qui, lui aussi, connaissait bien le monde musulman, exprimait la même pensée en termes que la langue diplomatique se permet rarement : « Les
« ineptes novateurs, dans cet empire, ont cru qu'il suffisait
« d'emprunter des formes et des noms à la civilisation chré-
« tienne pour s'assurer les mêmes effets. Ils ne les obtien-
« dront pas, et retomberont dans les usages d'un passé qu'ils
« auront contribué à détruire. » (*Dépêche à l'Internonce d'Autriche à Constantinople,* du 20 avril 1841.)

____

(1) « Ceux qui ne jugeront pas d'après les livres que nous avons fait descendre d'en « haut, sont infidèles. » (Koran, Sourate V, verset 49.)

(2) « Les procès ayant trait aux affaires civiles seront jugés *d'après la loi religieuse* et les règlements dans les conseils *mixtes.* » (Hatti-Humaïum de 1856.—Art. XVII.)

II

LA VÉRITÉ SUR LE PROGRÈS EN ÉGYPTE

Il n'est personne qui, arrivant en Egypte sans idées préconçues à l'encontre de l'organisation réelle.de ce pays, n'ait été frappé des dehors de son apparente civilisation : chemins de fer, télégraphes, usines grandioses, instruction primaire, théâtres, etc., etc.

L'auteur de cette étude n'a point à se défendre d'avoir cru sincèrement, lui aussi, devant toutes ces créations de date récente, à l'existence d'un véritable esprit de progrès dans les régions du pouvoir local.

Qui pourrait supposer, en effet, avant d'avoir habité longtemps le pays, avant de s'être meurtri aux rouages de son administration, avant d'avoir mesuré par des relations prolongées avec l'indigène l'abîme qui nous sépare du monde musulman, qui pourrait supposer que le vernis de civilisation dont les yeux de l'Européen sont frappés, n'est qu'un décor, qui ne laisse plus aucune illusion dès qu'on approche de trop près.

Or, il arrive toujours, en Egypte, un moment où l'homme laborieux, ayant créé quelque chose, excite des convoitises. Par instinct, en effet, sinon par principe, le Pacha tend à s'approprier le fruit du travail d'autrui, sauf à le voir souvent sans valeur entre ses mains.

Le jour où, pour quelque cause que ce soit, l'étranger vient à avoir besoin de défendre son bien ou sa personne, il s'aperçoit vite que les faux semblants de civilisation, auxquels il a cru, sont une mystification, et que les garanties assurées par les Capitulations lui sont d'autant plus indispensables que, trompé par l'aspect extérieur des hommes et des choses, il s'est montré plus confiant.

Nous avons parlé des chemins de fer; mais ils sont, commercialement, un moyen de concurrence déloyale entre les mains du Khédive, le principal cultivateur de coton. Pour ses marchandises, le transport est gratuit, et il ne tient qu'à lui de le rendre écrasant pour les autres par une surélévation momentanée des tarifs. Le fait s'est vu et probablement se voit souvent. La Daïra a vendu à découvert, dans un moment de hausse, des quantités de coton qu'elle sait ne pouvoir livrer. Au moment de· la récolte, elle surélève les tarifs au point que l'exagération des frais de transport force les Arabes à lui céder à vil prix les balles complémentaires.

L'instruction primaire! Certes, s'il est à notre point de vue une manifestation du progrès, c'est celle-là. Eh bien! là encore la réalité déroute toutes les idées reçues en Occident. Le jour où tout le peuple arabe saura lire, il sera féroce, car on enseigne la lecture dans le Koran. Ainsi, l'enfant est nourri, dès l'âge le plus tendre, dans la haine de l'infidèle; il « psal- « modie en psalmodiant, » (Sourate LXXIII, v. 4), suivant le précepte, les versets des Sourates sacrées, et les porte en amulette sur sa poitrine, ou attachées à ses cheveux, ou pendues au gland de son tarbouch.

Une voix implacable lui crie sans cesse :

« Ne laisse point de paix à l'infidèle quand tu es le plus « fort. »

(Sourate XLVII, v. 37.)

« O croyants ne prenez point pour amis les infidèles... « à moins que vous n'ayez quelque chose à craindre de leur « part. »

(Sourate III, v. 27.)

« O croyants, ne formez de liaisons qu'entre vous; les infi- « dèles ne manqueraient pas de vous corrompre : ils désirent « votre perte. Leur haine perce dans leurs paroles; mais ce « que leurs cœurs recèlent est pire encore. »

(Sourate III, v. 114.)

Comme morale, il se nourrira de ce précepte destiné à en faire le modèle des époux.

« Vous réprimanderez celles (de vos femmes) dont vous au- « rez à craindre la désobéissance; vous les reléguerez dans « des lits à parts; *vous les battrez*, etc., etc., etc. »

On voit par là s'il est souhaitable que l'instruction primaire se répande en Egypte ! Combien se trompent ceux qui attachent au développement des écoles en Orient des espérances de fusion des races et d'apaisement !

Au point de vue spécial qui nous occupe surtout ici, l'administration de la justice, voici un fait que nous recommandons aux méditations de MM. les membres de l'Assemblée nationale.

Tout récemment, M. Amic, banquier à Alexandrie, actuellement député de la nation française, siégeait comme juge au tribunal mixte de commerce en cette ville. Un Grec était cité par un Arabe comme débiteur d'une somme de dix mille piastres, en vertu d'une lettre de change signée non par lui, mais en son nom par deux Arabes.

A l'audience, le prétendu souscripteur déclare n'avoir rien souscrit et ne rien devoir ; néanmoins, le président décide qu'en présence de la dénégation d'un chrétien et de l'affirmation de deux musulmans, on ne peut que condamner le chrétien.

M. Amic se leva alors.

— Messieurs, dit-il, je vais être obligé par la loi de signer une sentence inique ; mais, je dois vous prévenir, qu'en descendant de ce siége, je vais aller prendre, au premier coin de rue, quatre portefaix arabes auxquels, pour 20 piastres (6 francs) l'un, je ferai signer que vous, Monsieur le président, vous me devez 50,000 piastres, que vous serez bien forcé de me payer, en vertu du précédent que vous allez établir.

— C'est vrai ! s'écria le président. Le roumi a raison....

Et les deux faussaires furent déboutés.

Cela n'empêche pas la salle d'audience d'être décorée de fresques élégantes, et les juges indigènes d'avoir leur loge au théâtre Zizinia.

Au reste, cette plaie sociale n'est nullement particulière à l'Egypte, mais commune à tout l'islamisme.

Un auteur, très favorable du reste à la réforme judiciaire en

Egypte, pays qu'il ne connaît pas, mais très opposé à la même réforme à Constantinople, ce qui s'explique, vu qu'il y a habité pendant quinze ans, s'exprime ainsi :

« Tout témoignage chrétien est encore (1873) sans effet
« non-seulement devant les cadis provinciaux, mais à la cour
« du Cheik-ul-Islam, le premier juge de l'empire, et le Raya,
« plaignant ou défendeur, qui ne peut prouver la justice de sa
« cause par des témoignages documentaires irréfragables,
« fait autant usage de faux témoins qu'il y a trente ans, en
« dépit des hatts et des édits (1). »

Or, celui qui a écrit ces lignes, M. M'Coan, a exercé les fonctions d'avocat à la Cour consulaire suprême de l'ambassade britannique, à Constantinople, jusqu'en 1872, et a été longtemps rédacteur principal du *Levant-Herald,* journal jouissant de la plus grande notoriété en Orient.

La raison de cette tolérance de l'islamisme en matière de faux témoignage est l'absence de toute sanction dans le Koran. Tandis que Mahomet édicte des peines cruelles contre de très minimes méfaits, il se borne à des exhortations platoniques, lorsqu'il s'adresse aux faux témoins. La *Sunna,* interprétant la pensée du Prophète, a donné ensuite, à cet égard, la plus grande latitude à chacun, ainsi qu'on le verra par les textes cités plus loin. Il n'y a donc pas de remède, et ce ne sont pas des protocoles qui pourront changer cette situation.

Nous avons montré par des exemples saisissants l'étendue des illusions que l'on se fait ici sur l'esprit de progrès qui règne en Egypte, sous l'impulsion du pouvoir local.

Disons encore la vérité sur la question de l'esclavage et sur l'horrible fabrication des eunuques, deux institutions hideuses qui se tiennent.

Les journaux retentissent souvent des éloges décernés au Khédive par les Sociétés négrophiles d'Angleterre, auxquelles

---

(1) *La Juridiction consulaire en Turquie et en Egypte,* par M'Coan, 1873.

Son Altesse ne manque pas d'assurer, de temps à autre, qu'elle espère avant peu exterminer les derniers négriers du Darfour.

Si la commission parlementaire chargée d'examiner la convention égyptienne veut bien faire appeler des témoins, elle apprendra qu'il existe ostensiblement, à Siout, station de chemin de fer, un marché d'esclaves se tenant sur des bateaux portant le pavillon de l'État ; que les malheureux enlevés à l'aide de razzias par les troupes vice-royales sont vendus publiquement ; que *la vente est enregistrée par le nazir*. Un négociant français, en ce moment à Paris, pourra dire à Messieurs les Députés que, tout récemment, il a acheté un enfant à ce marché — pour le prix de 8 livres égyptiennes — dans le but louable de l'emmener à Alexandrie et lui donner la liberté : ce qu'il a fait.

Et si à la même occasion la commission désire savoir ce qu'il en est de la fabrication des eunuques à cette époque de progrès, elle apprendra que cette abominable industrie se pratique très en grand à deux lieues de Khartoum, sous les yeux et la protection du gouverneur égyptien de la province ; que pour meubler suffisamment de ces êtres indispensables, paraît-il, l'un des harems d'un riche pacha, Son Altesse par exemple, il faut donner la mort à huit ou neuf cents enfants, car la perte est des huit neuvièmes.

Que la commission se fasse rendre compte des détails de cette fabrication, de la lente agonie des malheureuses petites créatures, victimes de cette étrange civilisation, pour laquelle on ose revendiquer des droits, et nous sommes assuré qu'elle maintiendra, d'un mouvement unanime, les garanties séculaires qui protégent l'Européen contre les instincts innés et les usages permanents de peuples dont la religion, la morale et les lois sont rivées pour toujours à des pratiques considérées chez toutes les nations civilisées comme d'épouvantables crimes.

III

LE DROIT DE JURIDICTION CONSULAIRE EN ÉGYPTE
D'APRÈS LES TEXTES

Il est à peine besoin de dire que les garanties obtenues ensemble ou séparément par telle ou telle puissance chrétienne deviennent, *ipso facto*, le patrimoine commun de toutes les autres, en vertu du traitement de la nation la plus favorisée, assuré à chacune d'elles.

Or, la procédure dont il s'agit se trouve dans les Capitulations de 1718 et 1784, conclues avec l'empire d'Autriche. On y voit, en effet, à l'article 4, la stipulation suivante :

« Si un marchand de la monarchie impériale et royale doit
« quelque chose à quelqu'un, le créancier devra exiger son dû
« de son débiteur par le moyen des Consuls, Vice-Consuls,
« Interprètes, et de nuls autres. »

Ce texte est aussi explicite que possible.

En voici un autre :

Le traité d'Andrinople, signé, le 2/14 septembre 1829, entre la Porte et la Russie, contient la même garantie :

« Art. 7. Les sujets et bâtiments marchands russes seront
« à l'abri de toute violence et de toute chicane. Les premiers
« demeureront sous la juridiction et police exclusive du Minis-
« tre et des Consuls de Russie ; les bâtiments russes ne seront
« jamais soumis à aucune visite de bord quelconque de la part
« des autorités ottomanes. »

Le droit en vertu duquel les étrangers imposent aux indigènes, la maxime *actor sequitur forum rei* repose donc sur des textes écrits et renouvelés à de longs intervalles par des traités internationaux.

Que dans telle ou telle province, tel ou tel gouvernement ait laissé sommeiller ce *droit*, ou qu'on l'ait appliqué dans toute sa teneur, c'est là une considération qui ne regarde que le détenteur du droit lui-même.

En fait, il n'a été revendiqué, en Egypte, d'une manière générale que lorsque cela a été absolument nécessaire, c'est-à-dire depuis l'établissement d'une vice-royauté dans des conditions de centralisation commerciale dont l'histoire n'offre pas d'autre exemple.

C'était entre 1840 et 1850.

Méhémet-Ali venait de se déclarer seul propriétaire terrien de l'Egypte. Les cultures étaient mises sous la direction de l'Etat, qui s'appliquait tous les revenus, distraction faite de la chétive nourriture laissée au fellah.

On comprend sans peine que l'Egypte ne ressemblait dès lors à aucune autre province turque; la force des choses, souveraine maîtresse en Orient bien plus encore qu'ailleurs, voulait que l'exercice des Capitulations fût en rapport avec les exigences de cet étrange milieu.

Cette nécessité devint plus grande encore sous Abbas-Pacha, dont les instincts de sauvage étaient une menace permanente pour tous.

Il aurait pu y avoir quelque détente sous Saïd-Pacha, mais ce prince s'empressa, au contraire, de reconnaître la légitimité du système de défense adopté par les Occidentaux, et d'en sanctionner le principe par le Règlement qui porte son nom.

Son administration bienfaisante avait rompu, dans une assez large mesure, avec les errements de centralisation agricole de ses prédécesseurs. Des terres avaient été distribuées; mais le monopole était resté la loi générale de l'Etat.

Sous le principat de son successeur, l'accaparement des forces vives de la nation a porté en plus sur le côté industriel et spéculateur. Des chemins de fer se sont développés; des usines colossales ont surgi; des transactions de Bourse considérables se sont organisées; mais tout ce puissant outillage, emprunté, souvent avec incohérence, à notre civilisation, est concentré dans la main du maître.

Cette situation étrange est parfaitement indiquée dans une

pétition des notables d'Alexandrie, lue à la tribune par M. le marquis de Plœuc :

« Il ne faut pas oublier qu'ici le chef du gouvernement n'a
« pas seulement des intérêts politiques, mais qu'il est aussi
« le plus grand propriétaire et le plus grand commerçant du
« pays (Très bien! C'est vrai! sur divers bancs.), et que, par
« suite, il se trouve, dans bien des circonstances, mêlé per-
« sonnellement aux discussions judiciaires. »

La même constatation est faite par la colonie anglaise dans une pétition au Parlement :

« Le Vice-Roi est maître absolu dans ses Etats. Il est aussi
« le plus grand propriétaire, le plus grand spéculateur et
« négociant de l'Egypte, et les intérêts colossaux qui abou-
« tissent à sa personne, doivent naturellement avoir pour effet
« de lui donner directement ou indirectement un interêt per-
« sonnel dans un grand nombre de causes commerciales.

« En raison de cette alliance *anormale* dans la personne du
« Vice-Roi, du pouvoir despotique gouvernemental, et des
« intérêts gigantesques du particulier trafiquant, il est impos-
« sible que, dans ce pays, aucun tribunal puisse offrir une
« garantie suffisante pour l'administration impartiale de la
« justice dans les affaires commerciales. »

Il ne faut pas chercher ailleurs la cause réelle et si légitime de l'extension donnée à la juridiction des tribunaux consulaires en Egypte. Tant que le Vice-Roi de ce pays persistera à en être le principal négociant, le principal spéculateur, l'état actuel des choses se maintiendra. Il n'y a point de justice indigène possible, parce qu'il n'y a point d'indépendance possible pour le magistrat. Ce fut jusqu'en 1867 l'avis de toutes les parties. Aussi, bien que l'usage dont on se plaint si vivement aujourd'hui comme d'un abus, et qui, en réalité, résulte de textes explicites, existât depuis plus de dix ans lorsque fut signé le traité de 1861, entre la France et la Sublime-Porte, les hautes parties contractantes n'en établirent pas moins formellement, et sans réserve, le maintien de « tous les droits,
« priviléges et immunités conférés aux sujets et bâtiments
« français par les Capitulations et les traités antérieurs. »

Or, au nombre de ces traités antérieurs, figure celui de 1802, portant, article 9, que les deux hautes parties contractantes « s'accordent, de part et d'autre, *tous les avantages* déjà ac-« cordés ou à accorder encore à d'autres puissances, *comme* « *si les susdits avantages étaient stipulés, mot à mot, dans le* « *traité.* »

« *Tous les avantages!* » Le mot au sens le plus large qu'il fût possible d'employer.

Le corps d'usages dont il s'agit, a donc été sanctionné, tel qu'il est, en fait et en droit, par le traité de 1861. Il est, par conséquent, devenu partie intégrante du droit international qui nous régit.

C'est ainsi, du reste, que la diplomatie française l'a toujours entendu depuis 1861. Citons, à cet égard, les termes mêmes de la dépêche adressée par le prince de la Tour-d'Auvergne aux deux commissaires que le gouvernement français autorisait, en 1869, à assister à la Conférence du Caire, à titre de simple information.

« D'une part, les Capitulations, c'est-à-dire l'ensemble des « règles qui régissent les rapports des Puissances chrétiennes « avec la Porte, ne se réduisent pas à la lettre des Traités « primitifs. Elles comprennent encore toute une jurisprudence « internationale qui a développé ces Traités, toute une série « de dispositions complémentaires conçues dans le même « esprit, conseillées par l'expérience, reconnues nécessaires, « admises d'un commun accord, consacrées par l'usage *et* « *garanties enfin par les plus récentes conventions.*

« D'autre part, l'Égypte se trouve dans des conditions par-« ticulières qui ont motivé un système de garanties spéciales. « Les dispositions qui y sont appliquées ont leur raison d'être « dans les *circonstances exceptionnelles* qui la justifiaient à « l'époque où elles ont été prises, *et qui n'ont pas cessé* « *d'exister.*

« *En droit, les Capitulations ne sont autre chose, en ce qui* « *concerne l'Égypte, que l'ensemble des dispositions spéciales* « *jugées indispensables et acceptées comme telles par les pré-* « *décesseurs de S. A. Ismaïl-Pacha.* »

C'est sous le bénéfice de cette déclaration, commune, du reste, à l'Angleterre (1), que les délégués français consentirent à participer aux travaux de la commission *consultative* du Caire.

En résumé, le droit donné au Français défendeur, de ne relever que de son autorité nationale, acquis, en principe, par le texte des Capitulations autrichiennes, et celui du Traité d'Andrinople, a été confirmé, en fait, dans sa jurisprudence, par les traités de 1802, 1838 et 1861.

Ce point capital mis hors de toute contestation, il n'y a nu inconvénient à se demander s'il est avantageux pour la France de renoncer aux droits formels qui lui sont garantis pour se prêter à une combinaison revêtant une autre forme.

Ainsi posée, la question peut être approfondie avec fruit. Tout le monde admet, en effet, que le régime en vigueur est loin d'être parfait et qu'il appelle des améliorations notables.

Reste à savoir si la solution proposée remédierait aux imperfections que l'on signale, ou si, au contraire, elle ne les aggraverait pas dans de grandes proportions.

On en jugera par ce qui va suivre.

IV

COMMENT LA RÉFORME, LOIN D'ASSURER L'UNITÉ DE JURIDICTION, NE FAIT QU'INTRODUIRE UNE COMPLICATION NOUVELLE DANS LE SYSTÈME DE LA MULTIPLICITÉ DES JURIDICTIONS

Le grand reproche fait ostensiblement au *modus vivendi* adopté en Egypte, c'est la multiplicité des juridictions sur la-

(1) Voy. dépêche de lord Stanley à lord Lyons, 30 juin 1868.

quelle il repose ; ce qui, au dire de l'administration locale, empêcherait toute distribution équitable de la justice.

Nous pourrions dire, tout d'abord, que les dix-sept juridictions consulaires se réduisent, en réalité, à cinq ; attendu qu'en dehors de la France, de l'Italie, de la Grèce, de l'Autriche et de l'Angleterre, les autres nations ne sont représentées en Egypte que nominalement.

L'inconvénient est donc bien moins grand qu'on ne le dit.

Nous pourrions montrer aussi que les obstacles qui résultent de la pluralité des juridictions sont très faciles à aplanir ; mais ces considérations se présenteront à leur heure.

Nous pourrions enfin nous prévaloir de l'expérience, notoirement si malheureuse, faite depuis quatorze ans avec les tribunaux mixtes de commerce, juridiction créée également pour procurer aux justiciables les bienfaits de l'unification.

Pour le moment, nous voulons seulement constater que l'organisation nouvelle ne supprime, en fait, aucune des juridictions de plein exercice actuellement existantes, lesquelles sont :

La juridiction consulaire (17 juridictions).
— des Medjlis musulmans.
— du Mehkémé.
— du Patriarche grec-orthodoxe.
— du Patriarche grec-uni.
— du Patriarche cophte.
— du Patriarche arménien.
— du Grand-Rabbin.

Ce qui fait vingt-quatre juridictions absolument disparates, sans lien hiérarchique, et même souvent en complet antagonisme au point de vue des principes généraux du droit.

Cela n'est point contesté, mais on répond que, parallèlement à ces vingt-quatre juridictions, fonctionnant dans leur autonomie, la Réforme a précisément pour but d'en créer une vingt-cinquième, connaissant de tous les procès *mixtes*, réalisant, de ce chef, l'unification, « juridiction unique, internationale,

« en quelque sorte amphictyonique. » (Voy. *Exposé des motifs*, page 9.)

Malheureusement cette appréciation optimiste repose sur une illusion pure, qu'une explication très simple va dissiper sans retour.

Voici, dans sa réalité, le mécanisme de la procédure que l'on propose d'inaugurer :

Aux termes de l'article 9 du *Règlement* en cause, les questions relatives au statut personnel étant placées hors de la compétence des tribunaux mixtes, il en résulte qu'ils sont dessaisis par toute exception touchant le mariage, les naissances et décès, la séparation de corps et le divorce, la paternité et filiation, l'adoption, les enfants naturels, la minorité, tutelle, émancipation, les successions, donations et testaments, quotité disponible, contrats de mariage, etc., etc., etc.

Le défendeur soulève une exception d'état civil. Il prétend que le demandeur, un Français, par exemple, n'a pas droit à porter le nom qu'il s'attribue dans l'exploit introductif d'instance. Aussitôt les parties sont invitées à se pourvoir devant le tribunal consulaire de France. Le demandeur gagne son procès. Appel devant la Cour d'Aix. Le Français gagne encore. Pourvoi en cassation. Il gagne toujours. Ci : au moins un an.

La cause revient devant le tribunal de la Réforme. Dès la première audience, notre compatriote, agissant comme chef de la communauté, voit contester la validité de son contrat de mariage. Même jeu.

Un an après, la cause vient à nouveau. Le défendeur, toujours battu, mais non dompté, recommence les mêmes chicanes. Le tribunal de la Réforme doit se déclarer de plus en plus incompétent. De sorte que si le défendeur a intérêt à empêcher une solution d'intervenir, il sera matériellement impossible au juge du fond, non-seulement de statuer, mais même d'entendre la cause.

On ne saurait concevoir de situation plus ridicule pour la magistrature, et plus désolante pour le demandeur.

Dans l'état présent des choses, rien de semblable n'est possible : le juge du fond étant aussi celui de l'exception.

Il est donc aisé de voir ce que perdrait le justiciable à l'organisation future; mais on cherche vainement ce qu'il pourrait y gagner.

A la vérité, le législateur des Codes de la Réforme, qui ne pouvait se dissimuler les fâcheuses conséquences de cette procédure, a cru les éviter par une disposition d'une outrecuidance qui dépasse toutes les prévisions.

L'article 4 du Code civil porte, en effet : « Les nouveaux « tribunaux n'en pourront connaître (des questions de statut « personnel) qu'incidemment, et pourront fixer un délai pour « qu'il soit statué par le tribunal compétent sur l'incident. »

Le procédé est très inconvenant, mais ne tire pas, du reste, autrement à conséquence.

Personne assurément n'aura l'idée que la Cour d'Aix ou la Cour de cassation puisse recevoir des ordres des gagistes du Khédive; mais cette façon de trancher les difficultés donne une idée instructive de la façon dont la Réforme a été conçue. C'est à ce titre seul que nous avons mentionné l'expédient.

Mais, dira-t-on, pourquoi ne pas donner aux nouveaux tribunaux le droit de juridiction en matière de statut personnel, tout en les obligeant à appliquer la loi des parties ?

Il est à croire que, si l'on avait cru la chose possible, on n'aurait pas manqué de tourner ainsi la difficulté; mais c'est là que se montre, dans tout son jour, l'impossibilité de constituer des tribunaux mixtes entre peuples imbus de religions et de morales si complétement opposées.

Statuer sur la composition de la famille musulmane impliquerait, pour le juge français, la reconnaissance implicite du droit de castration, de séquestration, de mariage forcé des mineurs, de sévices, etc., crimes punis par nos Codes.

Pour le juge musulman, forcer sa conscience à consacrer, même implicitement, par une sentence sur le statut personnel, les droits de la femme et de l'enfant, la monogamie, la laïcité de la loi, c'est lui demander de consentir à une impiété.

Aussi Nubar-Pacha s'est-il montré non moins opposé (voyez *Livre Jaune*, p. 162) que M. de Rémusat a pu l'être, à concéder à des tribunaux mixtes le droit de connaître des questions de statut personnel, et il l'a déclaré dans une Note remise à l'ambassadeur de France à Constantinople :

« Le Gouvernement égyptien proclame lui-même que les
« nouveaux tribunaux sont incompétents pour décider des
« questions qui touchent au statut personnel des étrangers,
« car il a lui-même à revendiquer pour les indigènes, musul-
« mans, chrétiens ou israélites, la juridiction exclusive des
« différents tribunaux locaux, auxquels est attribuée actuelle-
« ment la compétence en matière d'état civil. »

La difficulté est donc insoluble et sape par la base le projet de *Règlement*.

V

DISPOSITIONS DU RÈGLEMENT CONTRE LA VÉNALITÉ DES JUGES

Admettons, toutefois, ce qui est peu vraisemblable, comme on vient de le voir, que les nouveaux tribunaux puissent parvenir à rendre un jugement quelconque. Quelles garanties d'indépendance auront présidé au verdict?

L'article 24 a prévu le cas où un juge aurait « compromis
« son honorabilité comme magistrat, ou l'indépendance de
« ses votes. »

Le délinquant est alors jugé par la Cour d'appel, mais ne peut être condamné qu'à la majorité des *trois quarts* des voix.

Or, la Cour d'appel se compose de onze conseillers, dont sept seulement sont étrangers. Leur vote unanime ne suffirait donc pas pour flétrir le juge prévaricateur. C'est à deux Arabes qu'incomberait la tâche de déclarer que leur collègue a commis une action infâme en acceptant un *bakchich* (1) dont Son Altesse lui a fait l'insigne faveur de l'honorer !

On ne discute pas sérieusement de pareilles choses !

____

(1) Mot arabe qui signifie : Pot-de-vin.

L'*Exposé des Motifs* relève, en outre, avec complaisance, comme une garantie de premier ordre, la défense faite aux juges d'accepter des cadeaux ; mais le *Règlement* ne défend pas à la femme d'un juge d'accepter l'invitation gracieuse, faite par la Princesse-Mère, de visiter le *Harem*. Or, il est d'usage immémorial que l'on ne saurait visiter le harem des personnes haut placées, sans en emporter divers souvenirs, colliers de perles, rivières de diamants, dont le prix se chiffre souvent par centaines de mille francs.

Et si, contre toute attente, le mari était accusé d'avoir ainsi « compromis l'indépendance de ses votes, » ne serait-il pas acquitté par acclamation par les juges indigènes, lesquels n'éprouveraient qu'un regret, celui de ne pas être à sa place ?

On va dire, peut-être, que rien n'autorise à croire que les juges indigènes, depuis longtemps en contact avec les Européens, ceux des tribunaux mixtes, par exemple, manquent à ce point de sens moral. Il n'est donc pas inutile de montrer, par des faits officiels, ce que sont les juges indigènes dans les tribunaux mixtes existants.

VI

CE QU'IL EN EST DE L'INDÉPENDANCE DES JUGES INDIGÈNES DANS LES TRIBUNAUX MIXTES EXISTANTS

Il ne s'agit point ici des tribunaux civils purement indigènes, devant lesquels, suivant l'article 9 du *Règlement*, devront être renvoyées les exceptions relatives au statut personnel des Arabes. Il est très douteux que ces tribunaux existent.

A la vérité, le gouvernement égyptien l'affirme. Dans son Mémoire au Vice-Roi, 1867, Nubar-Pacha fait même leur éloge en ces termes :

« Ces tribunaux fonctionnent bien ; les membres qui les « composent connaissent à fond la matière. »

M. Maunoury, dans son Mémoire intitulé : *Question capitale*, page 29, craignant d'exciter la risée de la colonie en s'associant à l'optimisme de son supérieur hiérarchique, s'exprime ainsi :

« Il est possible qu'il existe un tribunal civil local ; mais « nous pouvons affirmer qu'il n'y a pas non-seulement un « justiciable, mais même un avocat européen qui, après recher- « ches faites, sache où siége ce tribunal. »

De temps à autre néanmoins l'existence de ce tribunal problématique s'est révélée par des actes de la plus haute fantaisie.

En 1869, un Français dépose une requête au Consulat de France du Caire contre le Gouvernement égyptien, à raison de violation de domicile et de dommages causés par des agents du cadastre. La cause est portée par le gouvernorat devant le tribunal civil dont il s'agit.

Contrairement aux habitudes locales, les choses marchèrent avec une telle rapidité que, avant de savoir si l'affaire était au rôle, le malheureux plaideur reçut expédition d'un jugement du Medjlis Istinaf (Cour d'appel) confirmant un jugement de première instance, et le déboutant. (3 Djamad-Awal 1286 — 10 août 1869.)

Le tribunal de première instance avait fait appel d'office de son propre jugement!!! Quand la justice locale y met du zèle, elle n'en met pas à demi.

Mais, nous l'avons dit, il ne s'agit pas de ces tribunaux, où doivent être pris néanmoins les juges indigènes destinés à siéger aux côtés des juges étrangers.

Nous ne voulons parler que des magistrats arabes appartenant déjà depuis quinze ans aux tribunaux de commerce, et qui, par un contact prolongé avec l'Européen, sont présumés avoir acquis quelque notion de la justice, telle qu'on l'entend chez les peuples civilisés.

Or, voici ce qu'en disait M. Maunoury, lui-même, actuellement Conseil du Gouvernement égyptien (*Réforme de l'Organisation judiciaire en Egypte*, page 11. Paris 1867) :

« Il y a un an, les juges européens du tribunal mixte du

« Caire ont donné leur démission en masse, à raison des
« partialités dont ils étaient les témoins. »

Hâtons-nous d'ajouter que les pratiques scandaleuses n'ont
point changé, et la preuve c'est que, le 2 décembre dernier,
le même fait s'est renouvelé dans les mêmes conditions. Les
juges européens du tribunal mixte du Caire ont donné
leur démission motivée dans une lettre très digne, que tous
les journaux français du Midi sont en train de reproduire.
L'un des juges indigènes avait dit en pleine audience : « Le
« Vice-Roi veut que ce soit ainsi ; il faut que cela soit : *il est*
« *le maître.* »

Ainsi raisonnent les juges qui doivent être considérés
comme l'élite de la magistrature égyptienne.

VII

EXÉCUTION DES JUGEMENTS

On a vu combien il serait difficile aux nouveaux tribunaux
de rendre des jugements bons ou mauvais, et combien il y a
peu de probabilités qu'ils soient rendus avec indépendance.

Admettons néanmoins, pour mettre les choses au mieux,
qu'une affaire a pu aboutir, et que l'équité seule a dicté la sentence ; le jugement pourra-t-il être exécuté ?

Ici il faut distinguer.

En ce qui concerne l'étranger, l'exécution sera très facile.
Nul obstacle ne se présentera. Il faut, toutefois, noter que les
jugements rendus par les tribunaux de la Réforme auront sur
ceux des tribunaux consulaires la grande infériorité, pour le
gagnant, de ne pas être exécutoires dans la patrie du per-
dant, c'est-à-dire, en général, au lieu de son principal établissement, là où l'exécution peut être fructueuse.

En ce qui concerne l'indigène, l'exécution ne pourra avoir
lieu que dans le cas, bien rare, où il lui conviendrait de s'y
soumettre.

En effet, l'indigène a « mille moyens » (Voy. *Livre Jaune*,
page 131) pour se soustraire à l'exécution, si l'autorité locale

n'a pas intérêt à ce qu'il soit exécuté. Il peut alléguer, par exemple, qu'il doit au fisc, en contributions, plus que ne vaut son actif, — *les créances du fisc sont privilégiées*, — ce que le moudir s'empressera d'attester, moyennant *bakchich,* et attestera même malgré les dénégations de l'indigène, si le Pacha juge à propos de s'adjuger les biens de son administré. L'affaire *Bouju et Leveau,* portée récemment à la tribune, comme spécimen des risques que courent aujourd'hui les capitaux européens en Egypte, fournit un exemple bien curieux de cette manœuvre.

Mais cet expédient, quoique fréquemment employé, n'est pas toujours praticable. En voici deux autres dont l'emploi se plie à toutes les circonstances de la vie, surtout lorsque l'indigène peut compter sur la complicité du pouvoir local, — laquelle dorénavant ne lui fera jamais défaut, comme nous le prouverons plus loin.

Il suffira à l'Arabe, pour soustraire ses immeubles à la revendication de ses créanciers, de les faire passer à l'état de *biens wakoufs,* ce qui est la chose du monde la plus simple. L'opération consiste à faire don de la nue-propriété à une mosquée, qui, de son côté, moyennant une redevance annuelle très minime, en laisse la jouissance au donateur, avec droit de transmission successorale indéfinie, en ligne directe, et jusqu'au septième degré, en ligne collatérale.

Jusqu'ici cette pratique, trop usitée, était considérée comme un abus criant. Dans l'économie du *Projet,* ce serait une escroquerie juridique à l'abri de tout recours, en vertu de l'immunité écrite dans l'article 12, en faveur des établissements pieux.

Mais ce n'est point assez que les immeubles puissent être distraits de l'actif. L'indigène possède, quant à ses biens transportables, une échappatoire infiniment plus économique, car il n'a rien à payer au recéleur : il n'a qu'à déposer ses meubles dans son harem, lieu inviolable entre tous. Le Code *Multéga,* au titre de la propriété, est formel sur ce point.

Invité, et à deux reprises, par M. de Vogüé, à s'expliquer à cet égard (Voy. *Livre Jaune,* pag. 158 et 160), « Nubar-Pa-

« cha s'est borné, dit notre ambassadeur, à dégager la respon-
« sabilité du Gouvernement local, » c'est-à-dire que l'étranger,
en pareille occurrence, muni d'un jugement passé en force de
chose jugée, n'a point à compter, pour l'exécution de la sentence, sur l'assistance de la force publique : il sera abandonné
par elle devant la porte du harem, à la risée des eunuques.

Cette éventualité si humiliante, est-elle seulement une hypothèse plus ou moins invraisemblable ? Malheureusement c'est
de l'histoire. Le cas s'est même présenté en 1865, dans des
conditions qui méritent d'être signalées.

Les négociants indigènes du Bazar d'Alexandrie s'enten-
dirent un jour pour faire faillite simultanément, après avoir
mis leurs richesses en sûreté dans leurs harems respectifs. La
colonie européenne, ruinée par cette scandaleuse escroquerie,
s'adressa aux Consuls généraux, par l'intermédiaire de M. Maunoury, qui depuis.... mais alors M. Maunoury jouissait, comme
avocat, au Consulat de France, d'une grande considération,
et, dans l'agglomération étrangère, d'une réelle influence.
Choisi comme conseil et mandataire par les commerçants
étrangers, il adressa un appel pressant aux représentants des
Puissances. Le résultat matériel fut relativement satisfaisant.
Le Vice-Roi donna un dividende, au nom de ses administrés,
orthodoxes mais peu scrupuleux.

Le mérite d'avoir caractérisé la situation revient tout entier
à M. Maunoury, que son indignation rendit éloquent. Il le fit
moins avec la plume qu'avec le fer rouge. « Les courages, dit-
« il, ne sont plus à la hauteur du fanatisme : on ne massacre
« plus, on ruine ! »

On objectera sans doute que les moyens de fraude résultant
de l'inviolabilité assurée aux biens des mosquées et au harem
existent indépendamment de toute organisation judiciaire.

Cela est vrai, mais aujourd'hui, lorsque le cas arrive, il constitue un grief que le Consul s'empresse de faire valoir au nom
de l'équité et du droit des gens. Le Vice-Roi, qui n'ignore pas
les revendications auxquelles il aura à répondre, s'arrange
de façon à ce que la chose se produise très rarement. Il a pour

cela « mille moyens, » dont le plus simple consiste à faire donner la bastonnade au père, au fils, au frère du délinquant, même, au besoin, à les envoyer au Faz-Ouglou, dont personne ne revient jamais.

L'indigène sait cela, et s'aventure rarement à ruser avec un maître armé de tels pouvoirs.

Mais, du moment où l'Autorité locale, dégageant sa responsabilité (Voy. *Livre Jaune*, page 158), en aurait reçu acte par l'acceptation du *Projet*, l'exécution ne serait plus possible contre l'indigène. S'il pouvait en être autrement, l'interpellation réitérée de M. de Vogüé aurait été suivie d'une réponse, ce qui n'a pas eu lieu. Notre ambassadeur écrit, en effet, au Ministre des affaires étrangères (Voy. *Livre Jaune*, page 160):

« Ce n'est donc pas ce côté de la question qui me paraît de « nature à nous inquiéter. *Le côté qui me préoccupe le plus,* « et qui a frappé votre esprit éclairé, est celui qui concerne « les mœurs du pays et les obstacles qu'elles peuvent apporter « à l'exécution des sentences : en un mot, *c'est la saisie mo-* « *bilière dans les harems.* — Sur ce point, j'attends encore la « réponse de Nubar-Pacha à la lettre *très catégorique* que je « lui ai adressée. De longues et fréquentes conférences que « j'ai eues avec lui n'ont, jusqu'à présent, abouti à aucun « résultat. »

Les choses en étaient là, lorsque M. de Rémusat dut quitter le pouvoir. Depuis lors, le *Livre Jaune* ne porte plus trace de cette question capitale....

Mais on ne supprime pas un obstacle parce qu'on refuse de le regarder en face.

Le Gouvernement égyptien est dans son droit; il fait même preuve de prévoyance — ce qui n'est pas d'ordinaire sa vertu maîtresse — en refusant d'autoriser la violation du harem. Il sait que le fellah se laissera rouer de coups, dépouiller jusqu'au dernier para; mais que si l'on touchait à des prérogatives qui, pour lui, sont de droit divin, personne ne peut dire ce que serait l'explosion de fureurs sacrées où se porterait ce peuple affolé par le fanatisme.

Ce que l'on ne peut comprendre, c'est qu'une question qui

soulève des éventualités si formidables ait pu être écartée du débat. Qu'un huissier, désireux d'accomplir son mandat, force la porte d'un harem, et ce sera, peut-être, le signal du massacre des Européens à Alexandrie.

Voilà ce qu'il faut avoir le courage d'envisager avant de passer outre.

VIII

DE L'EXÉCUTION DES JUGEMENTS CONTRE LES DAÏRAS DU KHÉDIVE ET DES PRINCES

L'article 10 du *Projet de Règlement* met, pour l'avenir, les Daïras du Khédive et des Princes au même niveau que le dernier des fellahs, au point de vue de la juridiction.

On fera difficilement croire à ceux qui connaissent bien le pays que cette démocratique égalité passe du domaine de la théorie dans celui de la pratique. Néanmoins, comme tout peut arriver, certaines précautions ont été prises, dit-on, par les intéressés. On assure que le Khédive a converti en *wakoufs*, tous les biens immeubles des membres de sa famille, c'est-à-dire qu'il en a été fait don à des établissements pieux, lesquels, par un échange de bons procédés, en ont cédé la jouissance à leurs vice-royaux tenanciers, moyennant une légère redevance.

A ce prix, les biens susdits sont placés sous la protection de l'article 12 du *Règlement*, et déclarés insaisissables.

En ce qui concerne le Vice-Roi lui-même, il est, quant à ses biens immeubles, justiciable des nouveaux tribunaux, mais l'article 11 du *Règlement* a pourvu, par un correctif approprié, à ce que cette assimilation aurait d'absolu. En effet, il est dit, au susdit article, que les tribunaux de la Réforme ne pourront statuer sur la propriété du domaine public. Or, il dépend du Khédive de déclarer ses biens, en tout ou en partie, propriété du domaine public, de même qu'il peut également décréter que telle ou telle partie du domaine public passera dans son domaine privé. D'un trait de plume, il fut établi par Méhémet-Ali que toute l'Egypte constituait le domaine public, et qu'il n'y aurait de propriétaire que l'Etat.

Saïd-Pacha pensa que la terre rapporterait davantage si le fellah avait à la cultiver un autre intérêt que celui d'éviter les coups de courbache. Il distribua des terrains en abondance. Ismaïl-Pacha, au contraire, tend à faire passer la propriété du sol dans son domaine privé. L'affaire des *Bons des Villages* a été le point de départ de cette opération, qui s'est poursuivie sous différentes formes.

Toujours est-il que s'il a intérêt à octroyer telle ou telle propriété au domaine public, pour l'enlever à la compétence de ses nouveaux juges, rien ne sera plus simple et plus légal.

Il faut reconnaître que ces précautions savantes atténuent singulièrement les concessions ostensiblement faites en principe, par le Khédive, à l'égalité devant la loi.

IX

LA RÉFORME JUDICIAIRE DANS LES AUTRES PROVINCES TURQUES

L'*Exposé des Motifs,* allant au-devant d'une objection inévitable, s'exprime ainsi, page 14 :

« Cette conclusion, vraie pour l'Egypte, implique naturel-
« lement qu'il ne saurait être question de rien changer au
« régime des Capitulations dans le reste du monde orien-
« tal. »

Cela n'est pas sérieux. Est-ce que l'on ne peut pas reproduire les mêmes arguments sur l'inconvénient de la multiplicité des juridictions pour les litiges entre étrangers à Smyrne aussi bien qu'à Alexandrie ? Est-ce que, s'il y a plusieurs défendeurs de nationalités différentes, le même procès ne peut pas être jugé en sens contraire ? Est-ce que les appels en garantie et les demandes réconventionnelles ne sont pas disjoints du fond à Beyrouth comme à Port-Saïd ? Est-ce que le domicile de l'Européen n'est pas inviolable à Routschouk comme à Suez ?

On s'étonne que des vérités aussi élémentaires aient besoin d'être rappelées; mais, puisqu'on semble vouloir se faire des illusions sur les conséquences inévitables de l'atteinte qu'on médite de porter, en Égypte, aux Capitulations, il est bon de constater que la Sublime-Porte a déjà fait les plus expresses réserves en 1869.

Le comte de Clarendon dit, en effet, dans une Dépêche à lord Elliot, ambassadeur britannique à Constantinople :

« Le 1ᵉʳ mai, j'ai reçu une Dépêche de Musurus-Pacha. Il « résulte de cette communication que si l'objet de l'enquête « proposée était d'introduire en Égypte un système judiciaire « s'éloignant des Capitulations, la Porte ne voyait pas pourquoi « quoi ce système serait exceptionnel pour ce qui regarde l'É- « gypte..... Votre Excellence a appris qu'une semblable communication « munication a été faite au Gouvernement français. »

Le premier résultat de l'adoption du *Règlement* pour l'Égypte « gypte serait donc d'autoriser implicitement la Turquie à revendiquer « vendiquer le droit de juridiction dans tout l'Empire.

Il est de toute évidence que l'adoption du projet, c'est la cognée mise au pied de l'arbre qui, depuis tant de siècles, abrite les civilisés en Orient.

X

LE CONSEIL DES CONFLITS

On sait que les Puissances ont repoussé, à l'unanimité et avec horreur, la pensée de donner juridiction aux nouveaux tribunaux sur les personnes de leurs nationaux respectifs. (Voy. *Livre Jaune*, page 19.)

Néanmoins, cédant à l'insistance du Gouvernement égyptien, elles ont abandonné aux futurs juges la connaissance de certains délits définis avec précision. Il ne pouvait échapper à la diplomatie qu'il « y aura, dans cette organisation, en « quelque sorte latérale, créée parallèlement à la juridiction « régulière, une cause de difficultés et de conflits. »

Il fallait donc régler par avance la solution du conflit. M. de Rémusat déclare que : « à ces embarras il n'y a « qu'un remède admissible, c'est le retour impératif au droit « commun, c'est-à-dire au for consulaire, toutes les fois « qu'il y aura doute. »

Après une négociation laborieuse, il a été entendu qu'en cas de conflit entre les tribunaux consulaires et les nouveaux tribunaux, le règlement de juges sera confié à un Conseil composé de deux magistrats nommés par le président de la Cour d'appel, et de deux Consuls désignés par le Consul de l'inculpé.

Qui ne voit que c'est là déplacer la question, mais non la résoudre?

« L'article 23 du titre II ne trace aucune règle en cas de « partage entre les membres du Conseil des conflits, » écrit télégraphiquement M. de Rémusat à M. de Vogüé. (Voy. *Livre Jaune*, page 147.) Et le Ministre réclame, en ce cas, le « re-« tour au for consulaire. »

Dans une dépêche postérieure (Voy. *Livre Jaune*, page 150), il souligne encore cette remarque.

A ces pressantes instances, M. de Vogüé répond qu'il lui est impossible de soutenir la solution qui lui est suggérée « sous peine de compromettre le principe même du Con-« seil. » (Voy. *Livre Jaune*, page 153.)

Il en résulte qu'on n'a pu s'entendre, en cela comme à peu près en toutes choses, que sur des réserves laissant subsister toutes les causes de complication et souvent les multipliant.

Cela tient à ce que le problème est insoluble. Mieux valait le reconnaître franchement, et rester dans le *statu quo*, sauf à l'améliorer dans les détails.

Le Conseil des Conflits, c'est, en réalité, la question portée sur le terrain diplomatique; c'est, au fond, le procès lui-même, jugé à huis clos, à moins que ce ne soit le conflit en permanence; en un mot, tous les inconvénients de la situation présente, considérablement aggravés.

XI

LES NOUVEAUX CODES ÉGYPTIENS

Aucun législateur n'avait tenté, jusqu'à ce jour, de fondre en une seule et même législation toutes les législations du globe.

M. Maunoury, chargé de ce travail irréalisable, ne s'en est point effrayé.

L'*Exposé des Motifs* assure, en s'en félicitant, que le Conseil du Gouvernement égyptien « s'est borné à calquer *presque* « littéralement » les Codes français.

On s'en aperçoit facilement aux conséquences. Le procèsverbal du 10 novembre 1874, signé Cazeaux et Chérif, constate, en effet, que les nouveaux Codes contiennent des *obscurités* et des *contradictions*. Mais M. de Cazeaux se fait fort d'indiquer, dans la quinzaine, le moyen de faire disparaître ces imperfections par une refonte intelligente.

Il est permis de trouver que pareille besogne est moins simple que ne l'imagine notre Consul général.

Quand il s'agit, en France, de toucher à un seul article de nos Codes, une Commission de juristes en est saisie; la Cour de cassation est consultée, et ce n'est qu'après des études, prolongées souvent pendant des années, que la question est mûre pour être discutée à la tribune.

On a donc le droit de s'étonner de la désinvolture avec laquelle on parle de remanier un corps de législation tout entier.

Le législateur égyptien a cru, lui, qu'il suffisait de calquer; en sa foi aveugle dans l'excellence de ce procédé, il ne s'est nullement inquiété des suites.

Or, veut-on savoir à quelles bizarreries il arrive avec cette façon de légiférer ? En voici quelques exemples :

On sait qu'il existe dans le Code de procédure français un titre consacré à la vérification d'écritures. Le copiste voulant tenir compte de ce que, en Egypte, la signature est remplacée par l'apposition d'un cachet à l'encre, a imaginé la vérification des cachets, ce qui est un non-sens.

En effet, le cachet peut être perdu, retrouvé par un autre, refait plus ou moins exactement par tout graveur. Qu'y a-t-il de-commun avec l'écriture et la signature que le juge a le droit, en France, de faire exécuter par les parties pour servir de terme de comparaison ? (Art. 206.)

La vérification des cachets est une mystification.

Autre résultat du procédé tant vanté :

L'article 338 du Code de procédure civile égyptien porte, au chapitre des récusations, que « tout juge peut être récusé s'il « y a procès pendant entre lui ou sa femme, ou ses parents et « alliés en ligne directe et une des parties ou son conjoint. »

Le copiste a oublié, sans doute, que l'un des juges musulmans peut avoir quatre conjoints, et que, comme il n'y a en Egypte ni noms de famille ni actes de l'état civil, cette faculté est, de tous points, l'un de ces trompe-l'œil qui constituent le fond de la Réforme judiciaire.

Même observation pour la récusation des témoins, dont parle l'article 19, titre II du *Règlement*. Il admet la récusation du conjoint même divorcé. Mais il n'est pas rare de voir des indigènes divorcer trente ou quarante fois. On le comprendra sans peine en lisant ce que le droit privé musulman dit du divorce :

« Le divorce est un acte réservé au mari seul. Il peut bri- « ser, suivant son bon plaisir, le lien conjugal. »

(Gatteschi, Droit privé ottoman, art. 43.)

Encore une preuve qu'il ne suffit pas de calquer les Codes français pour obtenir des textes ayant en Egypte un sens ou une application :

Le Code de procédure porte, article 3 : « Les actes signifiés « par les huissiers contiendront : 1° la date des mois, jour « et an. »

Or, il faut savoir que l'Egypte compte sept religions, et, par conséquent, sept communautés jouissant officiellement du droit *ab antiquo* de se servir du calendrier qui leur est propre. Ces communautés, pourvues de chefs temporels en même temps que spirituels, ayant *droit de juridiction*, sont : les Musulmans, les Catholiques, les Juifs, les Protestants, les Cophtes, les Grecs orthodoxes, les Grecs unis.

Il en résulte qu'il y a cinq calendriers en vigueur : le Musulman, le Greco-Russe, le Grégorien, l'Israélite et le Cophte.

Chaque exploit devra donc porter cinq fois les jour, mois et an. Il est impossible de tourner cette complication qui sera grande. En cas d'erreur de calcul, y aura-t-il nullité, et alors combien de nullités en perspective?

Citons encore l'article 23 du même Code, comme calqué bien étourdiment sur la leçon française :

« Art. 23. Aucun acte ne pourra être signifié avant six « heures du matin et après six heures du soir. »

Or, à Alexandrie, cet article ne fournit à l'huissier aucune indication, car il n'est pas dit si l'heure devra être comptée à la turque ou à la franque. L'une est aussi usitée que l'autre.

On n'en finirait pas si l'on voulait relever les innombrables contradictions, lacunes, impraticabilités, résultant du procédé employé pour établir les Codes de la Réforme. Dire qu'ils ont été calqués sur les Codes français peut flatter l'amour-propre national, et faciliterait, par cela même, l'adoption du *Projet* si l'Assemblée apportait, dans l'examen de ces graves questions, autant de légèreté qu'on en a mis à préparer les fondements même de la Réforme; mais il suffit que l'attention du pouvoir législatif soit éveillée sur cette œuvre, qui n'a point pour excuse une précipitation d'ailleurs hors de mise, mais une insouciance absolue du fond même des intérêts en jeu.

M. le marquis de Cazeaux a signalé, du reste, ce vice des Codes égyptiens; mais comment n'a-t-on songé à s'en préoccuper que le 10 novembre dernier?

Depuis longtemps, cependant, le fait est connu, nous ajouterons même d'une manière officielle.

Il y a plusieurs années, M. le vicomte Brenier de Montmo-
rand reçut l'ordre de faire examiner les Codes. Il convoqua
les avocats français d'Alexandrie au Consulat, ainsi que les
deux auteurs desdits Codes. Dès la seconde conférence, les
Codes de la Réforme furent reconnus *impraticables* d'un
commun accord, et M. Maunoury, pour expliquer l'étrange
bizarrerie de cette compilation, déclara que le Gouvernement
égyptien ne lui avait pas accordé l'autorisation de s'ad-
joindre des collaborateurs de différentes nationalités. On voulait, dit-il, des Codes à tout prix et très vite. Là-dessus, la
conférence ayant été rompue, ne fut pas reprise. La cause était
entendue.

On continue toujours à la petite Cour d'Abdin à être très
pressé. (Voy. *Livre Jaune*, page 206). Mais la Commission
parlementaire, qui n'a d'autre convenance à consulter que la
recherche de la vérité, a déjà décidé qu'elle entendait examiner les Codes. Il n'est pas douteux qu'elle entendra également examiner les Règlements d'administration publique auxquels se réfèrent certains articles desdits Codes. (Voy. *Livre
Jaune*, page 207). Tous les hommes versés dans les questions
juridiques et administratives savent que la loi est ce que la
fait le Règlement chargé d'en fixer l'application. On ne peut
donc assez s'étonner que les négociations relatives à la Réforme, aient été conduites de telle façon que, le 21 septembre
dernier, — les Codes sont prèts depuis cinq ans, — M. le
Consul général de France n'avait pas eu communication des
Règlements susdits, et cependant avait consenti à tout, sous
réserve de points de détail insignifiants.

Et, d'autre part, que signifient aujourd'hui ces Règlements
d'administration publique rendus en vue de textes qu'on
reconnaît devoir être modifiés dans leur « rédaction et leur
« économie » pour en faire disparaître les « contradictions? »

Telle est, en effet, l'œuvre informe qui, de l'aveu du négociateur lui-même, est proposée à l'approbation de l'Assemblée
nationale, et devrait remplacer une législation internationale,
œuvre des siècles celle-là, lentement modifiée suivant les
leçons de l'expérience, et graduellement pourvue, au profit des

étrangers, de garanties nouvelles reconnues de plus en plus nécessaires à la paix de l'Orient.

XII

CE QUE SERA LA JURISPRUDENCE DES NOUVEAUX TRIBUNAUX

L'article 34, titre I, du *Règlement* porte que « en cas de « silence, d'insuffisance et d'obscurité de la loi, le juge se « conformera aux principes du *droit naturel* et aux règles de « *l'équité.* »

Cette prescription acquiert une importance toute particuculière lorsqu'on apprend que le juriste, chargé de « calquer » le Code civil égyptien sur le Code civil français, a omis 1512 articles.

Il est évident dès lors que le silence de la loi sera fréquent, et qu'il y aura lieu sans cesse de juger conformément « aux « principes du droit naturel et aux règles de l'équité. »

L'*Exposé des Motifs* s'est donc avancé beaucoup plus qu'il ne convient lorsqu'il a dit, page 13 :

« Il ne s'agit ni de soumettre des chrétiens aux préceptes « du Koran, ni de donner force de loi aux pratiques plus ou « moins obscures, *plus ou moins barbares,* de la jurisprudence « indigène. »

Il s'agit, au contraire, beaucoup de cela et nous le prouvons :

Il peut arriver, il doit arriver que les juges étrangers ne seront pas toujours du même avis en toutes choses; que l'un d'eux, plusieurs même pourront se tromper, et enfin que certains — il faut le prévoir puisque le *Règlement* l'a prévu, article 24 — « compromettront l'indépendance de leurs votes. »

La majorité appartiendra dès lors aux juges indigènes qui à supposer les choses au mieux, jugeront d'après la voix de leur conscience, c'est-à-dire d'après le Koran, complété par la *Sunna* et les *Opinions des Muphtis* ou *Fetwa.*

Voilà donc le plaideur à la merci de cette jurisprudence indigène que l'*Exposé des Motifs* traite si durement.

Or, les épithètes qu'il lui prodigue sont malheureusement trop méritées, comme on va en juger.

On a vu plus haut que, *à l'heure présente*, le Gouvernement égyptien fait écrire que « *dans les idées musulmanes*, le droit, « la justice, font partie de la science et de la pratique reli- « gieuses. »

Voici maintenant des cas particuliers qui intéressent tout particulièrement l'application du *Règlement*.

Nous trouvons dans un ouvrage publié par l'Imprimerie nationale, en 1871, le *Droit musulman*, par Querry, les dispositions législatives qu'on va lire.

« Livre VIII. Du Juge.

« Art. 2. Sont incapables de remplir les fonctions de juges : « les personnes mineures, même celles qui ont atteint l'âge « de discernement; les INFIDÈLES, parce qu'ils ne sont pas « astreints aux devoirs d'obligation divine.

« Art. 66. Il n'est pas permis de placer sa confiance, en « cas de témoignage, d'après les seules apparences. On doit « s'informer *en secret* si le témoin appelé paie la taxe des « pauvres, car il est difficile de soupçonner celui qui s'acquitte « de ce devoir.

« Art. 80. La concussion est interdite au juge, et celui qui « a donné la somme se rend coupable si, par ce moyen, un « jugement injuste a été rendu en sa faveur; mais il est « absous dans le cas contraire.

« Livre IX. Du Témoignage.

« Art. 7. Le témoignage de quiconque ne professe pas la « vraie foi, lors même qu'il serait reconnu musulman, n'est « pas admis à charge du vrai croyant ni de tout autre, parce « que *l'hérésie constitue une présomption de mauvaises mœurs* « *et d'immoralité* infirmant la capacité de témoigner.

« Livre X. Du Serment.

« Art. 11. Le serment n'est valide qu'autant qu'il est fait « avec l'intention formelle, soit qu'on l'énonce formellement « ou par allusion. A défaut d'intention, le serment est nul.

« Art. 27. Quiconque a fait serment pour un acte déjà
« accompli, n'encourt pas l'expiation en cas de violation et
« *lors même que le serment aurait été prêté dans le but d'élu-*
« *der la loi.*

« Art. 69. Le serment de s'abstenir de commettre un acte
« quelconque est toujours présumé fait à perpétuité. Cepen-
« dant celui qui l'a fait est cru sur sa déclaration, s'il affirme
« avoir entendu fixer *mentalement* une certaine durée, et
« l'appréciation de sa conduite est laissée à sa conscience.

« Art. 76. Quiconque a juré de ne conclure ni vente ni
« achat *ne viole point son serment* s'il contracte l'un et l'autre
« de ces actes PAR VOIE DE MANDATAIRE. »

Écoutez maintenant le Prophète lui-même :
« Si vous contractez un *engagement* RÉFLÉCHI, son infrac-
« tion vous coûtera la nourriture de dix pauvres, leur vête-
« ment ou la rançon d'un captif. Celui qui sera hors d'état
« d'accomplir cette peine, *jeûnera trois jours.* »

(Le Koran, Sourate V.)

Tout est prévu! C'est le parjure à la portée de toutes
les bourses !

Nous poursuivrions longtemps cette revue de textes qui
seront toujours présents à l'esprit des juges indigènes et devront, en bien des cas, suppléer à l'insuffisance de la loi.

La preuve que les rédacteurs du Code l'entendent ainsi,
c'est qu'ils se sont bien gardés de reproduire, en cette occasion, l'article 41 du *Règlement* publié, le 3 septembre 1861,
pour l'organisation du Tribunal mixte d'Alexandrie, article
portant, qu'en cas d'insuffisance de la loi, « les articles du
« Code français serviront de règle aux juges. »

On savait ainsi où l'on allait. Aujourd'hui, on est sous le
coup de l'arbitraire sous forme de droit naturel et d'équité.

Quelque élastique que soit le terrain juridique, du moment
où l'on prend pour base le droit naturel et l'équité, entendus

d'après le Koran, il paraît que ces facilités ont paru insuffisantes aux législateurs de la *Réforme*.

Ils ont donc pouvu à toutes les éventualités. Il résulte, en effet, de l'article 11 du *Règlement*, que les tribunaux ne pourront statuer au profit d'un étranger sur un droit acquis, que dans les cas formellement prévus par le Code civil, lequel en a prévu le moins possible.

Si le Code est muet, il n'est donc pas permis, en cette circonstance, de juger suivant l'équité, même suivant l'équité à la turque.

XIII

DES AVOCATS

L'article 17 du *Règlement* porte que les personnes munies du « diplôme d'avocat seront seules admises à représenter et « défendre les parties devant la Cour d'appel. »

Passons sur l'étrange expression de *diplôme d'avocat* lorsqu'il s'agit de mandataires qui seront à la fois procureurs et avocats, et contentons-nous de demander comment on conciliera cet article avec cette prescription du rite *Hanafita,* en vigueur en Égypte, que « dans toute contestation en justice, le manda- « taire doit être accepté par l'adversaire. »

XIV

DISTRIBUTION DES SIÉGES

Il semble que les siéges auraient dû être distribués, autant que possible, en raison de l'importance de chaque colonie.

On va voir ce qu'il en est.

La France forme, avec la Grèce et l'Italie, la presque totalité de la population exotique; l'Autriche et l'Angleterre ne suivant que de très loin.

Les autres pays ne fournissent à la colonie étrangère qu'un contingent nominal.

Eh bien! la France n'a pas un seul juge de sa nation dans le tribunal de première instance d'Alexandrie, malgré ses 20,000 ressortissants.

En revanche, la Suède, qui ne compte qu'un seul ressortissant, aura un juge. La Belgique, qui n'a à protéger que cinq nationaux, aura trois juges. La Hollande, représentée à Alexandrie par une seule famille, aura trois membres du parquet!

Voilà « le droit naturel et l'équité » tels que l'entendent, sans doute, les rédacteurs des Codes de la *Réforme* « dans « le silence, l'obscurité ou l'insuffisance de la loi. »

XV

LES PRIVILÉGIÉS

M. le Consul général de France à Alexandrie a pensé, au moment de signer la Convention, que, si les nouveaux tribunaux étaient bien suffisants pour condamner à mort jusqu'aux Députés de la Nation, ils n'étaient pas dignes de connaître d'une simple contravention commise par l'un des derniers aides de sa basse domesticité, fût-il un nègre idolâtre, fraîchement expédié du Darfour.

Quant à l'immunité pareille qu'il a stipulée en faveur des religieux que la France couvre de sa protection séculaire, il est certain que les membres catholiques de l'Assemblée en répudieront le bénéfice. Ils ne voudront pas qu'on puisse dire que les intérêts de nos nationaux les trouvent indifférents aussitôt que l'intérêt du culte est sauvegardé. C'est là un appât grossier qui, dès la première heure, a été jugé sévèrement. L'un des membres les plus honorés de la Droite a dit, en apprenant cette clause étrange : « Si les nouveaux tribunaux sont bons, « ils le sont pour nos religieux ; s'ils sont mauvais, nous ne « leur livrerons jamais nos nationaux. »

XVI

OPINION DE M. LE DUC DECAZES SUR LE ROLE DES JUGES DE LA RÉFORME

M. le duc Decazes a formulé, dans une de ses dépêches, son sentiment personnel sur le rôle que les juges de la Réforme lui semblent appelés à jouer dans la combinaison projetée. Cette appréciation, qui serait une offense si elle s'appliquait à des membres de n'importe quel tribunal européen, est, au contraire, parfaitement naturelle, dès qu'il s'agit des juges placés dans l'étrange situation où les met la Réforme judiciaire.

« Il est, je le répète, *indispensable* que nos nationaux voient
« dans chaque prétoire un de leurs compatriotes capable de
« comprendre et d'expliquer leur situation particulière et en
« mesure de *prendre la défense de leurs intérêts* contre la
« partialité ou l'ignorance que les parties attribuent trop sou-
« vent à des juges étrangers. » (Voy. *Livre Jaune,* page 201.)

Voilà qui renverse toutes les idées reçues, et cependant il est certain que les choses ne manqueraient pas de se passer ainsi. Le juge français ne serait plus un juge, ce serait un *défenseur* qui aurait pour adversaire le juge de telle ou telle nationalité avec laquelle la France serait en froid.

Supposez, en effet, que la Réforme judiciaire eût fonctionné pendant la dernière guerre (et cela n'a pas dépendu de M. Emile Ollivier), la Chambre du Conseil aurait grandement risqué de perdre le caractère qu'elle doit avoir. Quant au plaideur français comparaissant devant un juge allemand.....

Mais, sans même pousser l'hypothèse aussi loin, il est clair que le caractère attribué au juge par la Dépêche que nous venons de citer, sera le plus souvent l'expression de la réalité. Comme on le voit, il ne saurait être question d'impartialité ; mais, hélas ! il ne saurait non plus être question pour les Français, devant le tribunal de première instance d'Alexandrie, de cet avocat d'office que M. le Ministre des affaires étrangères considère comme absolument « indispensable. » La Suède, qui n'a pas de ressortissant, — je me trompe : elle en a un, — demandait, dit-on, un siége. D'aucuns assurent même qu'elle n'a pas eu à le demander. Toujours est-il qu'on s'est empressé de le lui octroyer. Voilà comment, au dire de M. le Consul général de France (Voy. *Livre Jaune*, page 206), on s'est trouvé dans l'impossibilité d'accorder à notre Gouvernement une satisfaction qu'il déclarait être « indispensable, » eu égard à ses 20,000 nationaux.

Il en résulte que les Français d'Alexandrie auront le désagrément de comparaître en première instance devant un tribunal de *défenseurs* où il y en aura pour tout le monde, excepté pour eux.

XVII

OPINION DE NAPOLÉON III SUR LA RÉFORME JUDICIAIRE

Nous croyons devoir transcrire ici, sans commentaires, le fragment suivant d'une lettre écrite à l'auteur, par un des plus honorables avocats d'Alexandrie :

« Un jour, notre ancien président, M. Pietri, nous racontait, dans la salle des délibérations du Tribunal consulaire, alors qu'il revenait de Paris, que, en présence de M. Franceschini Pietri, l'Empereur avait répondu, à ce sujet, à M. Émile Ollivier, alors Ministre par intérim des affaires étrangères : « Je « désire être agréable au Vice-Roi et suis prêt à l'aider dans les « améliorations judiciaires qu'il projette pour le peuple égyp- « tien ; mais, tant que je vivrai, on ne touchera ni directement « ni indirectement aux Capitulations, qui sont une des con- « quêtes morales, une des gloires les plus pures de la France, « et que je voudrais avoir signées. »

XVIII

OPINION DES MESSAGERIES MARITIMES

La Compagnie des Messageries maritimes, interpellée sur l'efficacité qu'aurait la nouvelle organisation de la justice, a répondu (*Livre Jaune*, p. 160) : « qu'elle ne se faisait « aucune « illusion sur l'efficacité de la Réforme, » ce qui est le jugement le plus sévère que l'on pût porter contre pareille innovation.

Il importe peu, du reste, de savoir si, au point de vue politique, la Compagnie estime qu'on ne peut plus reculer parce qu'on s'est trop avancé, si le Vice-Roi en éprouverait une contrariété telle que les intérêts français auraient à en souffrir plus encore que de la Réforme elle-même.

L'appréciation de ces questions n'est pas de la compétence des honorables délégués des Messageries. L'Assemblée nationale seule a qualité pour juger de l'importance qu'il convient d'accorder à la « mauvaise humeur » du Khédive. On verra plus loin qu'elle n'est pas à redouter, pas même à prévoir.

XIX

OPINION DE M. LE MARQUIS DE CAZEAUX SUR LA RÉFORME JUDICIAIRE

Le *Livre Jaune* contient, à cet égard, une appréciation d'une extrême gravité. M. le Consul général de France écrit, à la date du 14 décembre 1873, à M. le Ministre des affaires étrangères :

« Quant au fond même de la question, je n'ai pu changer d'avis depuis l'époque où j'écrivais au Département : « que « nous ne saurions porter nos concessions au-delà du point « où nous sommes allés. Nous avons déjà cédé à l'Administra- « tion égyptienne tout ce qui concerne la justice civile et « commerciale, n'abandonnons rien de ce qui touche au droit « criminel ; si nous sommes contraints de laisser la fortune de « nos nationaux *à la discrétion de ce Gouvernement*, n'y met- « tons pas leur honneur. »

Ainsi, dans l'opinion du négociateur français, livrer la fortune de nos nationaux aux magistrats de la Réforme, c'est la mettre à la *discrétion* du Gouvernement local.

Après une telle déclaration, on s'étonne profondément de voir l'*Exposé des Motifs* venir se porter garant de l'indépendance des juges. De l'auteur de l'*Exposé des Motifs* ou de M. le Consul général de France, l'un se trompe grandement, et en bien grave matière. Car, quoi qu'en dise M. le marquis de Cazeaux, le Projet de Réforme livre *à la discrétion du Gouvernement local*, non-seulement la fortune de nos nationaux, ce qui a son prix, mais, en certains cas, leur honneur et même leur vie.

Nous lisons, en effet, au *Relevé des peines* (Voy. *Livre Jaune,* page 131) qui pourront être infligées aux Français par les tribunaux de la Réforme :

§ 33. LA MORT !...

XX

OPINION DE M. DE LESSEPS. — SITUATION DE LA COMPAGNIE
DU CANAL DE SUEZ AU REGARD DE LA RÉFORME JUDICIAIRE

Nous avons eu occasion de faire remarquer que la loi suprême en Orient, c'est la force des choses.

Or, en dépit des fautes commises par l'Administration du Canal de Suez, la force des choses a voulu qu'il fût impossible de soumettre en fait la Compagnie à la juridiction indigène. En dépit des Firmans, on la voit toujours ester en justice devant le tribunal consulaire de France, comme défenderesse, et cela, avec l'assentiment de l'autorité locale et celui de l'autorité centrale.

C'est qu'en effet les tribunaux locaux ne peuvent *décemment* se reconnaître capables de statuer sur les grands intérêts que cette colossale entreprise soulève. La conscience publique se révolterait.

Mais si la Réforme était accomplie, et qu'à la place d'une

magistrature notoirement incapable, l'Administration locale pût présenter aux regards une Cour offrant les apparences extérieures de la justice, à peu près comme en Europe, la Compagnie du Canal de Suez serait la première victime de ce trompe-l'œil.

Soit en demandant, soit en défendant, elle se sentirait « *à la* « *discrétion* du Gouvernement égyptien, » suivant l'expression énergique de M. le marquis de Cazeaux.

Sans droit désormais à la protection diplomatique du Consulat de France, elle devrait subir, en silence, l'œuvre de spoliation juridique depuis longtemps méditée par certains politiques au-delà du détroit.

N'est-ce pas, en effet, un indice suffisant de la conduite à tenir que cette ardeur simultanée de la diplomatie britannique pour la Réforme et contre le Canal? A défaut d'autre critérium en la cause, celui-ci devrait suffire aux gens avisés.

On objectera, sans doute, que M. de Lesseps appuie la Réforme judiciaire.

Mais cela prouverait tout au plus que M. de Lesseps, qui s'est trompé si souvent sur les intérêts véritables de cette entreprise, se trompe une fois de plus.

Tout le monde se souvient de ses erreurs en matière de juridiction. On ne saurait oublier, qu'attaqué devant le tribunal de la Seine par les Messageries maritimes, il a excipé de sa qualité de Compagnie égyptienne, et s'est réclamé des droits du Sultan; que, spolié à Constantinople, il a demandé aide et appui au Gouvernement français, lequel a dû décliner, avec raison, toute solidarité dans cette affaire.

L'intérêt réel de la Compagnie est, sans conteste, l'échec de tout *desideratum* réunissant les préférences des adversaires implacables qu'elle a, de longue date, dans la presse et le Gouvernement anglais.

L'évidence ici s'impose, et nous croirions oiseux d'insister.

XXI

OPINION DE M. DE RÉMUSAT

Pour qui lit attentivement les Dépêches de M. de Rémusat, il est clair que cet homme d'Etat n'a suivi les négociations entamées qu'avec une extrême répugnance, et que, dans son esprit, tout ce que l'on tentait d'organiser ne valait pas le régime actuel, si défectueux soit-il.

Cette opinion se fait jour dans la Déclaration que l'on trouve au *Livre Jaune*, page 35 :

« Les garanties les plus efficaces seront, à nos yeux, celles « qui se rapprocheront le plus des institutions existantes. »

XXII

LA RÉFORME JUDICIAIRE PORTE-T-ELLE ATTEINTE AUX CAPITULATIONS?

L'*Exposé des Motifs*, page 3, assure que c'est seulement au point de vue de la juridiction consulaire que les Capitulations sont modifiées par le projet de *Règlement*, « car, sur « tous les autres points, est-il besoin de le dire? elles ne sont « mises en cause, ni directement, ni indirectement, par la « Réforme judiciaire entreprise en Egypte. »

L'*Exposé des Motifs* cite alors comme maintenues intégralement les clauses relatives à la préséance, par exemple. La citation est malheureuse! Il n'est pas vraisemblable, en effet, que le Gouvernement entende par là signifier aux autres Puissances qu'il prétend dorénavant remettre en vigueur l'article 17 des Capitulations de 1740, et réclamer la préséance pour ses agents au détriment de ceux de tous les souverains du monde. Il sait trop bien, du reste, que la préséance ne se détermine aujourd'hui que par l'âge ou l'ancienneté de nomination, en Orient comme ailleurs.

Sachons descendre de ces hauteurs et aborder la question d'impôt que le Procès-verbal du 10 novembre 1874 n'a pas songé à réserver, et que tranche en fait l'article 11 du *Règlement*.

Il y est dit, en effet, que les nouveaux tribunaux n'auront pas le droit « d'interpréter ni d'arrêter l'exécution d'une me« sure administrative, » en dehors des cas prévus par le Code civil.

Or, le Code civil n'empêche nullement l'Administration de décréter des impôts contre les étrangers. Il semble même les faire pressentir.

Voilà pour les atteintes implicites aux Capitulations; mais le *Règlement* les détruit explicitement sur des points plus graves encore.

L'inviolabilité du domicile, assurée par l'article 65 des Capitulations de 1740, est abolie par l'article 21, titre II. Les Zaptiehs pourront se ruer impunément sur la demeure des Français, piller et saccager, avec les procédés de violence constatés au *Livre Jaune*, page 46; rien ne s'y opposera désormais. En effet, le malheureux volé et maltraité invoquerait-il l'aide de son Consul, le Consul n'aura plus le droit de le protéger !

L'inviolabilité du domicile des étrangers est une garantie à ce point essentielle à l'ordre public que le Gouvernement égyptien n'avait pas même eu l'idée de demander l'abrogation de cette base des Capitulations. Il est dit, en effet, dans la *Note égyptienne* présentée aux Puissances par Nubar-Pacha, en 1867 :

« Les Capitulations protégent d'une manière inviolable le do« micile et la personne de l'étranger; il n'est pas question de « porter atteinte à ce principe. »

Par suite de quelle aberration a-t-on accordé au négociateur égyptien *plus qu'il ne demandait?* C'est ce qu'il serait difficile d'expliquer sans entrer dans des détails pénibles.... .

XXIII

CONSÉQUENCES D'UNE ÉPREUVE DE CINQ ANS

L'*Exposé des Motifs* insiste beaucoup sur cette considération, qu'il ne s'agit, après tout, que d'une épreuve de cinq ans, et il ajoute, avec une parfaite placidité : « L'avenir seul « pourra faire connaître le mérite réel de l'organisation qui « a prévalu... »

Outre qu'il est fâcheux que le présent se prête si peu à cette démonstration, dans cinq ans il est permis de l'affirmer, toute discussion, même « académique, » sur les mérites de la Réforme, sera absolument superflue, en ce qui concerne la France, car elle ne comptera plus de ressortissants en Egypte.

Depuis la reprise des négociations, — vers 1872, — le commerce français s'est effrayé au point que, nombre de maisons, des plus honorables, n'ont vu de salut que dans une liquidation rapide. Et depuis le dépôt du Projet de ratification, on nous écrit que sur les devantures des magasins les plus achalandés de la place des Consuls on lit : « Liquidation pour cause de départ. »

La Chambre de Commerce de Marseille n'a-t-elle pas demandé qu'il fût au moins accordé un délai pour permettre aux Français de liquider sans désastres? On nous l'affirme, et il serait intéressant de vérifier le fait.

Il nous reste à attirer l'attention sur une circonstance qui pourrait abréger ce délai de cinq ans; mais au profit SEULEMENT du Khédive, si, après avoir désorganisé la juridiction consulaire, il lui plaît de détruire aussi la nouvelle organisation judiciaire comme ne répondant pas à tout ce qu'il en attend.

Il y a une clause potentielle, qui figure au *Livre Jaune* page 100. Il s'agit de la distribution des siéges. Nubar-Pacha se déclare autorisé à reconnaître que : « Si le Khédive venait « à modifier ses intentions manifestées, nous pourrions avoir

« le droit de nous considérer comme déliés de nos propres
« engagements. »

Ainsi s'exprime M. le comte de Vogüé. D'où il résulte que
le Gouvernement français est lié pour cinq ans ; mais que le
Khédive ne l'est pas.

Cela revient à dire que si les nouveaux tribunaux, tels qu'ils
sont organisés par la convention, venaient — par impossible —
à ne pas donner à la Daïra et à l'administration locale toutes
facilités pour ne pas payer leurs dettes, Son Altesse entend pouvoir modifier la distribution des siéges et du personnel judiciaire,
jusqu'à ce que le gain de tous les procès lui soit garanti, faute
de quoi elle préférerait encore revenir au *statu quo ante*.

En suivant ce système, le Khédive ne fait d'ailleurs que se
montrer conséquent avec lui-même. En voici la preuve :

Toutes les fois que le Gouvernement égyptien a eu à se défendre contre une réclamation non justifiée, il a accepté avec
empressement la juridiction du Tribunal civil de la Seine.
Mais le jour où un réclamant, à l'abri de tout reproche, fondé
en fait et en droit, muni à cet égard d'une attestation formelle
du Consul, — affaire Paget, — a appelé le Khédive devant ce
même Tribunal de la Seine, Son Altesse s'est dérobée, et a
prié Mᵉ Allou de plaider l'incompétence. De telle sorte que,
jusqu'ici, le Tribunal civil de la Seine, compétent pour donner
raison au Vice-Roi, n'a pu l'être pour lui donner tort.

N'y a-t-il pas, dans ce seul fait, une indication suffisante du
rôle que le Khédive destine aux nouveaux tribunaux ?

XXIV

L'INTÉRÊT DES AUTRES PUISSANCES DANS LA QUESTION
DE LA RÉFORME JUDICIAIRE EN ÉGYPTE

La Grèce, la France et l'Italie, sont les seules nations qui
aient un intérêt majeur dans la question, au point de vue du
nombre de leurs nationaux et des capitaux engagés.

L'Autriche est représentée, à la vérité, par une colonie Triestine assez notable; mais elle considère ces ressortissants quasi-italiens comme prédestinés à lui échapper tôt ou tard, et n'en prend pas grand souci.

Quant à l'Angleterre, elle n'est représentée que par un petit nombre de maisons véritablement anglaises, très opposées à la Réforme, comme le prouve leur pétition. Le gros de la colonie provient de l'émigration maltaise, et n'inspire, à ce titre, aucun intérêt à la métropole : ce sont des conquis.

Les autres nationalités comptent à peine quelques représentants.

L'assentiment de tous les Etats, moins la France, l'Italie et la Grèce, ne les expose donc à aucune éventualité digne d'attention.

D'autre part, la Réforme favorise des desseins que nous avons fait connaître il y a près de deux ans (1), et que des indices, aujourd'hui évidents, commencent à justifier.

Nous écrivions alors :

« Une considération générale, inavouée sinon inavouable,
« a pesé singulièrement sur la détermination prise par les
« grandes puissances : le désir d'anéantir les Capitulations, en
« tant qu'œuvre essentiellement française, sauf à les rétablir,
« s'il y a lieu, sous un autre patronage, que chacun des parti-
« cipants espère être le sien ou celui de ses amis. »

Un travail, paru depuis lors, et que nous avons eu déjà occasion de citer, celui de M. Mac Coan, avocat à la Cour consulaire suprême de Constantinople, ancien rédacteur en chef du *Levant-Herald*, confirme, en termes aussi clairs que possible et non sans amertume, le jugement que nous avons porté sur la situation respective des puissances en cette affaire.

Faisant l'historique des négociations, l'auteur s'exprime ainsi au sujet de la commission de 1867 :

« Il va sans dire qu'un rapport favorable aurait été logi-
« quement l'acceptation du projet et aussi l'abandon non-seu-
« lement de la juridiction française, mais aussi d'une grande

---

(1) *De l'Intérêt français dans la question de la Réforme judiciaire en Égypte,* 1873.

« partie de l'immense prestige politique que cette autorité
« donne à la France, d'Alexandrie au Soudan. On peut donc
« supposer qu'une considération aussi grave ne fut pas sans
« effet sur la commission (1). »

Cette considération, à défaut de toute autre, eût-elle dicté
les décisions de la commission en 1867, qu'on ne saurait assez
rendre hommage à son patriotisme; mais il suffit de lire son
rapport pour voir que les raisons juridiques étaient plus que
suffisantes pour lui inspirer les résolutions prudentes dont il a
été tenu si peu de compte plus tard.

Mais les publicistes anglais, dévoués au Khédive, ont besoin
de dire le contraire pour entraîner l'opinion dans leur pays.

En fait, le but poursuivi par nos voisins est commercial
autant que politique.

L'Angleterre ne fait plus nul mystère de ses visées. Elle
sait que la Réforme mettra la Compagnie du Canal de Suez
« à la discrétion du Gouvernement égyptien, » en lui enlevant
le protectorat officieux du Consulat de France, à l'ombre duquel elle a pu traverser tant de périls divers. Aussi, sourde
aux réclamations de ses nationaux d'Egypte, la diplomatie
britannique pousse-t-elle, de toutes ses forces, à la prompte
réalisation du plan conçu, sous son inspiration, par Nubar-
Pacha.

Reste à expliquer le consentement donné par la Grèce, dont
la colonie, à Alexandrie, a montré pour nos nationaux, depuis
la guerre, une sympathie toute fraternelle, et aussi celui de
l'Italie, dont les ressortissants n'ont cessé de s'unir avec
nous d'intention et d'efforts pour la défense des garanties qui
nous sont communes.

La Grèce a cédé ! mais à quelle date ? C'est toute la
question.

Nous tenons d'hommes politiques dont il ne nous est pas
possible de révoquer en doute le témoignage, que le Gouvernement hellénique n'a signé qu'**après** l'adhésion définitive

(1) *La Juridiction consulaire en Turquie et en Egypte*, par J.-C. M' Coan, 1873.

du Gouvernement français. C'est, du reste, un point qui devra être éclairci pièces en main. Il faut que le public sache nettement qui a raison, de l'*Exposé des Motifs*, affirmant que le Gouvernement français a lutté **seul** « longtemps après que « les autres cabinets avaient adhéré au projet du Khédive, » ou des journaux dévoués au Gouvernement égyptien, le *Courrier d'Orient*, par exemple, ne plaçant l'adhésion de la Grèce qu'à la date du mois de janvier 1875.

En ce qui concerne l'Italie, on sait, depuis longtemps, que l'adhésion donnée par son Gouvernement tient à des causes tout à fait extra-parlementaires. Malgré une pétition recouverte de près de deux mille signatures et l'opposition motivée de tous les avocats du Consulat italien, au nombre desquels un juriste d'un renom européen, Gatteschi, des considérations de palais l'ont emporté. Pour se les expliquer, il faut se souvenir de ce passage, publié dans le *Nil*, du 13 février 1873, sous le contrôle vigilant de la censure égyptienne :

« Les obligations personnelles qu'a contractées S. M. le Roi « d'Italie envers le Khédive, lui assurent le concours absolu « de cette puissance. »

Ces obligations personnelles consistent, dit-on, en sept millions de francs, empruntés par la Liste civile du Roi à la Daïra du Khédive.

Mais que valent, en somme, les adhésions de ces deux gouvernements, si les pouvoirs législatifs suivent les aspirations patriotiques dont l'Assemblée nationale a donné l'exemple par l'élection d'une Commission hostile? Absolument rien.

On nous affirme, de la meilleure source, que les Chambres helléniques laisseront se prononcer la Chambre française.

En Italie, la Commission parlementaire, chargée d'examiner le projet, a élu comme rapporteur l'un des juristes les plus éminents de la Péninsule, l'honorable M. Mancini. C'est assez dire que la question sera examinée à fond, cela suffit pour nous rassurer complétement.

XXV.

QUEL EST LE BUT POURSUIVI PAR LE KHÉDIVE

La pétition italienne de 1874 explique très nettement le but poursuivi par le Khédive :

« Le Gouvernement égyptien n'a jamais eu d'autre but que
« l'abrogation pure et simple des Capitulations, sans rien
« réformer, sans donner aucune garantie, et à seule fin
« d'obtenir la domination absolue sur les Européens et les
« pouvoir charger d'impôts tout à son aise, ce que le moindre
« examen du projet actuel de réforme peut montrer jusqu'à
« l'évidence.

« .... La prétendue Réforme, telle qu'elle a été rêvée
« par le Gouvernement égyptien, ne produirait d'autre effet
« que la ruine irrémédiable de toutes les colonies, en les lais-
« sant désarmées au gré du caprice, de l'arbitraire et du des-
« potisme le plus effréné, en les réduisant à l'état de misère
« des sujets indigènes. »

Les agents du Gouvernement égyptien se bornent à dire que le but poursuivi est l'indépendance de l'Egypte. Nubar-Pacha l'a même écrit.

Ah! certes, s'il s'agissait de l'indépendance d'une nation, peut-être devrait-on apporter quelque indulgence dans l'appréciation des moyens employés; mais il ne s'agit ici que de l'indépendance d'un homme, qui, le jour où il sera affranchi de tout lien de subordination, ne verra, dans cette situation nouvelle, qu'un moyen plus efficace d'assurer son despotisme sur de malheureuses populations qui n'ont jamais connu le sentiment de la patrie.

Quant aux étrangers, on peut se figurer aisément quelle serait leur position.

Le Vice-Roi ne paie pas si facilement ses dettes, même

sous la pression de tout le corps consulaire. Des preuves irrécusables en ont été portées devant l'Assemblée nationale, dans sa séance du 16 décembre dernier. Il n'est pas besoin de dire que la Daïra n'en aurait plus nul souci, si l'insistance « importune » des Représentants de l'Europe était désormais impossible.

C'est sous ce jour, malheureusement trop réel, qu'il faut voir les obsessions de l'Administration égyptienne, en vue d'une Réforme dont elle seule serait appelée à recueillir tous les bénéfices.

XXVI

RÈGLEMENT DES RÉCLAMATIONS PENDANTES

A la date du 21 septembre 1874, M. le Consul général de France écrivait au Département :

« Comme je l'ai plusieurs fois écrit à Votre Excellence, « notre adhésion au projet de Son Altesse doit avoir pour con« dition nécessaire le *règlement* de nos réclamations anté« rieures. »

L'*Exposé des Motifs*, présentant à son tour le but poursuivi comme obtenu, dit, page 16 :

« Au moment de donner son assentiment au Règlement « égyptien, sous la réserve des droits de l'Assemblée natio« nale, le Gouvernement a estimé toutefois qu'il devait assu« rer, par des dispositions spéciales, l'apurement **préa« lable** de tout un arriéré de réclamations nées sous le « régime auquel il allait être mis fin. »

Ou les mots n'ont plus de sens, ou cela veut dire que le Gouvernement français exige, comme gage de son concours, la conclusion *préalable* des affaires pendantes.

Telle n'est point cependant la réalité des faits.

Par suite d'un accord intervenu, le 10 novembre dernier, entre Cherif-Pacha et le Consul de France, il a été entendu que ces réclamations seraient portées devant trois arbitres pris *exclusivement* dans les nouveaux tribunaux, lesquels statueront sans appel et suivant une procédure encore inconnue.

La mise en activité de la Réforme n'est donc point subordonnée, quant à la France, à une conclusion des affaires pendantes. Il en résulte que le Gouvernement égyptien a intérêt, dès lors, à ce qu'aucune solution n'intervienne d'ici à quatre ans.

En effet, dans quatre ans, il s'agira de peser sur la France pour obtenir une prolongation de l'expérience en cours, dont les mauvais résultats seront mis sur le compte des tâtonnements, des difficultés de la transition, etc., etc., etc. Pour arracher un consentement, on offrira, cette fois, de régler, *préalablement*, d'une manière effective, les affaires pendantes. Mais, d'ici-là, combien de réclamants seront morts de chagrin ou de misère, comme cela s'est trop vu déjà! Le courage et les moyens de lutte s'épuisent parfois, et l'infortuné, réduit au désespoir, cherche souvent dans le suicide une fin à ses maux. Naturellement, le débiteur est, en pareil cas, déchargé de sa dette, ce qui n'est pas fait pour lui inspirer l'horreur des atermoiements.

Quant aux moyens pratiques de faire traîner un arbitrage en longueur pendant quatre ans, on peut s'en fier à l'imaginative du contentieux égyptien. Ce procédé est d'ailleurs tellement connu et a été pratiqué si souvent dans les arbitrages où il a été partie, qu'on peut l'indiquer en un mot. Le voici :

L'Administration locale aura nécessairement dans la Commission un arbitre à elle dévoué. Après un an de négociations, de rendez-vous manqués, de remises, etc., etc., l'arbitre en question demandera des pièces qui ne seront fournies qu'un an après, et encore tellement incomplètes, qu'il sera nécessaire de réclamer un supplément d'informations dont on ne verra jamais la fin. Si les deux autres arbitres menacent de passer outre, celui du gouvernement égyptien prendra l'Europe à témoin de la violence qui lui est faite, et se retirera.

Veut-on un exemple? Nous le prenons dans une affaire dont les pièces ont passé sous les yeux d'une Commission de l'Assemblée nationale, l'affaire **Paget**.

Les agents de la police égyptienne avaient brisé des scellés apposés par le Consulat, dispersé ou volé les valeurs qu'ils protégeaient. M. Paget demanda une indemnité. M. le Consul général de France désigna un arbitre, le gouvernement égyptien désigna le sien. Conférences, moyens dilatoires. Puis, quand il est prouvé que le droit du ressortissant français est évident au point qu'il n'existe plus pour l'administration locale aucun moyen d'échapper à une décision, l'arbitre égyptien signifie à son collègue « qu'on lui a retiré les pièces. »

Mais cette espèce offre, en matière d'arbitrage, un précédent plus instructif encore.

Une première Commission arbitrale, visant une interruption de travail par ordre supérieur, avait abouti, tant le cas était simple. On avait fixé la somme à payer à Paget. Que fait le gouvernement égyptien? Il verse un à-compte, mais jamais le solde n'a pu être encaissé.

Voilà ce qu'il en est des Commissions arbitrales, de leurs décisions et de l'exécution de leurs sentences.

Le moins que l'on dût exiger était le règlement effectif, avant tout fonctionnement de la Réforme, et cela comme gage, bien insuffisant sans doute, de la bonne foi future de l'autorité locale.

XXVII

AMÉLIORATIONS A INTRODUIRE DANS LA JURIDICTION CONSULAIRE

Les reproches que l'on fait au *modus vivendi* basé sur la maxime *actor sequitur forum rei*, procèdent de deux ordres d'idées.

Les uns s'adressent à la procédure qui en découle; les autres à la personne du juge, que l'on dit tantôt subir l'influence de ses nationaux, tantôt celle de l'autorité locale.

Examinons d'abord les vices signalés dans la procédure internationale au Levant.

On constate qu'elle ne permet pas de porter les demandes reconventionnelles, les appels en garantie, devant le juge du fond, ce qui est particulièrement fâcheux pour les Français, contre lesquels l'Edit de 1778 autorise l'exécution provisoire, ce que n'autorisent pas la plupart des autres législations.

L'allégation est fondée de tout point. Mais comment ne voit-on pas que rien n'est plus simple que de remédier à cette situation. Il suffirait de déclarer, par une entente facile entre les Consuls dûment autorisés :

1° Que l'exécution provisoire ne sera jamais prononcée ;

2° Que le juge de l'action sera le juge de l'exception ;

3° Que le juge du fond pourra connaître des appels en garantie, demandes reconventionnelles ou en compensation.

Cette solution, si facile, détruit néanmoins les arguments le plus souvent ressassés par les promoteurs du Projet égyptien.

Passons aux attaques que l'on dirige contre l'impartialité du juge consulaire.

Assurément il y a des abus fréquents ; mais ce ne sont pas les indigènes qui ont le plus à en souffrir. Il y a parfois des Consuls qui, assaillis par des tentations incessantes, considérées en ce pays comme le plus sûr instrument de règne, succombent à cette obsession perverse.

On cite des cas notoires ; mais, lorsque ces fâcheuses circonstances se produisent, le mal n'est pas irréparable. Si la colonie est assez puissante pour se faire entendre de la Mère-Patrie, le Consul est rappelé et la situation redevient normale.

Mais qu'en serait-il si le Consul était inamovible, comme les juges de la Réforme ? L'inamovibilité, garantie précieuse, en Occident, pour le justiciable, serait, en Orient, le pire danger pour lui.

En réalité, la seule garantie des résidents est tout entière dans la possibilité de faire rappeler un Consul prévaricateur. La situation précaire dans laquelle il se trouve enlève en grande partie du reste au pouvoir local le bénéfice de la subornation. Et cependant cette considération n'arrête pas toujours le Pacha, et l'Administration, si difficultueuse quand il s'agit de solder une dette, est facilement prodigue en pareil cas. Nous citerons un fait tout récent.

L'un des Députés de la Nation française à Alexandrie, élu comme protestation contre la Réforme, a eu le malheur d'être victime d'une faillite étrangère. Il allait être exposé lui-même à déposer son bilan, lorsque Son Altesse lui offre *un million de francs* en échange de quelques hectares de sables sur le chemin de Ramleh.

Le négociant, dans l'embarras, accepte ; mais, par un sentiment qui lui fait honneur, il donne sa démission. Ce bon mouvement n'avait pas été prévu et le million, placé si à propos, allait être perdu sans retour, quand M. le Consul général de France a eu l'idée, regrettable à tous égards, de refuser la démission offerte, ce qu'il n'avait pas, du reste, qualité pour faire, aux termes de l'Ordonnance de 1781.

Ce fait nous amène à aborder une autre face de la question, l'exécution rigoureuse par nos Consuls des prescriptions tutélaires de l'Ordonnance de 1781.

Il n'entre pas dans le plan de cette Étude, consacrée à un sujet tout spécial, d'approfondir les améliorations dont le fonctionnement de la juridiction consulaire est susceptible. Il n'appartient d'ailleurs à personne d'en fixer définitivement les limites avant une enquête approfondie, ouverte non-seulement à nos nationaux, mais encore à toute la population franque, habituée, depuis des siècles, à voir la France chercher ses besoins et traduire ses légitimes aspirations. Jusque-là, chacun n'a que des vœux à formuler, vœux qui risquent de manquer d'autorité avant que les colonies intéressées aient été consultées loyalement. Mais ce qu'il est d'ores et déjà permis de dire, c'est que la ligne de démarcation posée par les Capitulations et les Traités, entre des races profondément opposées de sentiments et d'institutions, doit être maintenue pour de longues années encore, probablement pour toujours.

Que c'est aux gouvernements musulmans à se montrer d'abord au niveau de la civilisation en constituant, pour leurs administrés, des tribunaux dignes de ce nom. Or, tel n'est pas le désir et le but du Pouvoir local en Egypte, puisque les in-

digènes seront soustraits à la juridiction des nouveaux tribunaux pour les litiges qui surgiront entre eux.

La seule chose que la France doive à ses nationaux et à son
glorieux passé, c'est d'améliorer ses tribunaux consulaires par
une entente facile avec les autres Consulats; d'imposer à ses
Agents l'exécution des Ordonnances de 1681 et de 1781, en ce
qui concerne le contrôle de leurs actes; de fortifier l'action
salutaire de l'opinion publique, en développant l'institution
coloniale des *Députés de la Nation;* en mettant en un mot,
l'œuvre si populaire du royal législateur de 1781, en rapport
complet avec les besoins du temps présent.

XXVIII

CAS OU L'ASSEMBLÉE NATIONALE REPOUSSERAIT
LE PROJET DE RÈGLEMENT

Une Commission consultative, nommée en mai 1874, par
M. le Ministre des affaires étrangères, pour l'éclairer lui-
même sur les résolutions à prendre, a cru devoir éluder la
discussion du fond, sous prétexte qu'elle ne pourrait ainsi
que retomber dans des « controverses considérées comme
« épuisées. »

La Commission a borné modestement son rôle à présenter
les considérations générales qui, à son point de vue, doivent
conseiller une acceptation.

D'abord, elle constate que l'organisation nouvelle présentera de grands avantages pour nos nationaux, et qu'ils ont
tort de penser autrement.

Peut-être est-il permis de répondre que les intéressés sont
meilleurs juges que tous autres en cette matière, et que, si
c'est au nom de leur intérêt qu'on prétend agir, ils sont
placés mieux que personne pour en avoir la saine et exacte
notion. Leur sentiment, d'ailleurs, s'est fait jour dans la Commission elle-même, et l'on fera difficilement accepter par

l'opinion publique que M. le marquis de Plœuc, après un séjour de dix ans en Orient, dans des conditions à bien l'étudier, se rend moins compte des besoins de nos colonies que ses autres collègues de la Commission, dont les convictions n'ont pu se former que sur des rapports de courtoisie ou de subordination avec M. le Ministre des affaires étrangères.

Or, M. le marquis de Plœuc a refusé de s'associer aux conclusions du Rapport.

Il faudrait d'ailleurs que, dans les régions officielles, on commençât par se mettre d'accord. Pendant que la Commission et l'*Exposé des Motifs* célèbrent la supériorité du régime futur sur le *modus vivendi* actuel, notre négociateur écrit, le 14 décembre 1873 (Voy. *Livre Jaune*, 171) :

« J'ai déclaré à Nubar-Pacha que c'était le *Gouvernement* « *égyptien et non la France* qui désire la Réforme judi- « ciaire. »

Un peu plus loin, accentuant son sentiment, M. le marquis de Cazeaux ajoute :

« Si nous sommes contraints (?) de laisser la fortune de « nos nationaux *à la discrétion de ce Gouvernement*, n'y « mettons pas leur honneur. »

Si le Gouvernement français ne désire pas la Réforme; s'il ne l'accepte que parce qu'il croit y être contraint — en quoi il se trompe; — s'il pense enfin que laisser la fortune de nos nationaux à la merci des nouveaux tribunaux, c'est la mettre *à la discrétion* du Gouvernement local, comment s'expliquer que l'*Exposé des Motifs* déverse le blâme sur ceux que cette perspective épouvante, et surtout présente comme un progrès l'instrument de spoliation imaginé par les juristes de la Citadelle?

Mais revenons aux appréciations de la Commission consultative de 1874.

Elle suppose que le refus, par l'Assemblée nationale, de ratifier le Règlement n'arrêterait pas la mise en pratique de la Réforme.

La Commission se trompe. Il suffit, pour s'en convaincre, de lire la déclaration suivante, faite le 14 décembre dernier, à la tribune, par M. Visconti-Venosta, Ministre des affaires étrangères d'Italie :

« Le Gouvernement du Roi fit savoir à celui du Khédive
« qu'une entente avec toutes les Puissances lui paraissait ab-
« solument indispensable. »

On assure que le Gouvernement russe a fait une déclaration analogue.

On sait enfin que les Etats secondaires n'attendent, pour la plupart, qu'un point de résistance pour s'y rattacher ; d'où il résulte que la fermeté de l'Assemblée nationale ouvrirait les voies à la reconstitution de l'influence française en Orient.

La Commission consultative ne paraît pas se douter de l'état réel des choses.

Quittant, enfin, les généralités de la politique, elle entre dans des détails pratiques.

« Il serait à craindre, dit-elle, que, même comme défen-
« deurs, les Français fussent trop souvent amenés à renoncer
« à la juridiction de leur Consul, sous peine de perdre le béné-
« fice d'associations fructueuses ou de contrats avantageux,
« avec des parties qui se refuseraient d'avance à comparaître
« devant une autre barre que celle des nouvelles Cours de
« justice. »

Que la Commission consultative se rassure. Si c'est là sa grande préoccupation, rien de plus simple que de calmer ses alarmes. La dernière pétition des Italiens (mai 1874), recouverte de deux mille signatures ; la pétition des Anglais, plus énergique encore, si c'est possible ; l'horreur profonde de toute la colonie hellène pour l'œuvre de Nubar-Pacha, sont les meilleurs garants que, s'il y a un moyen pour les Européens d'Egypte d'échapper à la nouvelle juridiction, il sera saisi avec empressement. Bien plus, dans toute association, il y aura une place réservée à un Français, afin de rendre le contrat justiciable du tribunal de France, où on ne manquera pas de le faire enregistrer.

Et ce ne sera pas seulement à une répulsion légitime pour

une magistrature « à la discrétion » du Gouvernement local
que sera dû cet empressement; mais au désir, bien naturel,
de relever d'un tribunal qui se fait un point d'honneur, — exa-
géré peut-être, — d'assurer à l'étranger la justice, sans s'inquiéter de la réciprocité.

Si la Commission avait pris la peine de fouiller dans les
cartons du Ministère, elle aurait trouvé la preuve de ce que
nous avançons, dans ce fait, cité par la Commission d'Egypte,
en 1867, que, sur cinquante-neuf affaires jugées par le tribunal de France, à la requête d'*indigènes*, demandeurs contre des Français, les indigènes ont gagné cinquante-un procès et les Français défendeurs huit seulement.

Par où l'on peut voir, nous le disons en passant, combien
sont calomnieuses les déclarations du Gouvernement local
contre le particularisme des tribunaux consulaires, puisque
l'indigène, lui-même, qui n'offre aucune réciprocité, y trouve
un accès si facile et si fructueux.

Assurément, si l'Assemblée refuse d'accepter le projet soumis à son appréciation, il est évident que les autres puissances
s'empresseront de se considérer comme déliées envers l'Egypte
de tout engagement; mais il ne faudrait pas trop regretter
qu'il en fût autrement.

Si, malgré l'abstention de la France, la Réforme était accep-
tée par les autres Etats, on verrait bientôt notre pavillon
retrouver le prestige qu'il avait autrefois en ces parages. Dès
le premier moment, les grandes colonies hellène et italienne se
presseraient autour de nous, cherchant du moins à abriter leur
fortune. Et, tandis que le domicile de tous les autres Européens
serait violé par les bandits de la police locale, qu'ils se
verraient dans leurs personnes en butte aux brutalités sau-
vages d'une soldatesque fanatisée, notre colonie, puissante par
le nombre, influente par l'activité, le capital et la tradition,
pourrrait seule porter la tête haute, et assister, sans soucis, sinon sans tristesse, à la ruine du commerce des autres nations.

Que l'on ne vienne pas dire que les Français n'auraient
aucun recours comme demandeurs. Ils ont droit au tribunal

mixte, institué à Alexandrie le 3 septembre 1861, par application de l'art. XVI du Hatti-Humaïum de 1856, rendu lui-même en exécution du memorandum des puissances, et visé par elles dans l'art. IX du traité de Paris. Preuve nouvelle que la Réforme ne peut se faire que d'un consentement unanime.

Quant à leurs réclamations envers le Gouvernement égyptien, ils auraient la voie ouverte aujourd'hui, la voie diplomatique, avec ses lenteurs, mais avec ses solutions, quand le Consul veut s'en donner la peine.

On répondra, sans doute, que c'est là un moyen bien insuffisant, puisque des réclamations, dont la légitimité a été reconnue solennellement, attendent vainement leur solution depuis plusieurs années. A cela nous répondrons, que l'on n'a pas encore essayé, pour décider le Vice-Roi à payer ses dettes, d'un moyen que les Anglais emploient, toujours avec le même succès, vis-à-vis de la Turquie : la menace de la radiation de la cote à la Bourse.

Si ce moyen, tout pacifique, a jamais été de saison, c'est assurément après les triomphes que le crédit de la France a remportés tout récemment. Deux épreuves décisives — la dernière date de quelques jours à peine — démontrent, avec la dernière évidence, que notre pays est le plus grand réservoir de numéraire de l'univers.

Quarante-cinq milliards offerts pour la rançon. Onze milliards offerts à la ville de Paris pour son emprunt municipal. Voilà des résultats palpables qui prouvent que la France a le droit de parler haut à tous les Etats qui ont besoin de recourir à l'emprunt.

Or, le Gouvernement du Khédive ne vit que d'emprunts. C'est son état normal. Il écoule journellement sur le marché du comptant des titres dont la réalisation lui permet de parer à des besoins incessants.

Eh bien ! nous disons qu'il est temps de lui faire comprendre que la France est lasse de jouer le rôle sacrifié auquel elle s'est prêtée jusqu'à ce jour, avec une si folle insouciance. Ismaïl-Pacha est, avant tout, un commerçant : il comprendra.

Interdire aux émissions futures du Khédive le marché de

Paris, serait porter à son crédit un coup que le sentiment de la conservation lui fera sagement éviter.

Il n'y a donc pas à s'inquiéter de la « confusion dans la dis-« tribution de la justice » qui résulterait d'un avortement de la Réforme.

Ce sont là des paroles redondantes tout à fait hors de saison. Le Trésor égyptien est besoigneux... Voilà la vérité sans phrases.

Le Khédive a épuisé sur l'indigène toutes les formes possibles de l'impôt et de l'emprunt forcé. Le mohablah, expédient immoral et malhabile, achève, en ce moment, de ruiner le pays, La dernière opération de 800 millions, tentée à Paris, a échoué. Enfin, l'Administration locale ne maintient, dit-on, son compte de trésorerie que grâce au produit de titres vendus directement, au jour le jour, à la Bourse de Paris.

Jamais le Gouvernement français n'a eu sous la main un moyen plus légitime et plus sûr d'exercer, en Egypte, une influence décisive, au grand profit de la civilisation.

Mais il faut le dire bien haut, s'il ne se sert pas du levier puissant que les circonstances mettent à sa portée pour rappeler l'Administration égyptienne au sentiment de la situation, il doit s'attendre à toutes les avanies : les Orientaux méprisent souverainement celui qui, pouvant se montrer fort, préfère n'être que généreux.

CONCLUSION

Des explications contenues dans ce travail se dégage un enchaînement de preuves desquelles il résulte : d'abord, que l'assertion servant de base aux revendications du Khédive est matériellement contraire à la vérité; que la juridiction consulaire, en un mot, telle qu'elle est exercée en Egypte à l'égard de l'indigène demandeur, est autorisée par des textes formels.

Abordant ensuite cette prétention que le principe même des

Capitulations n'est plus de notre temps, nous avons montré, au contraire, la Sublime-Porte signant, en 1861 et 1864, sous la pression de l'Europe, la plus dure de toutes les Capitulations en matière de juridiction, puisqu'elle restreint les droits de souveraineté du Sultan à l'encontre de ses propres sujets appartenant à des communions chrétiennes.

En ce qui concerne le projet d'organisation judiciaire en lui-même, nous avons prouvé par des documents officiels que l'unification promise est une illusion ; qu'aucun procès ne pourra aboutir devant les nouveaux tribunaux, si le défendeur a intérêt à ce qu'il en soit ainsi ; que, dans tous les cas, les complications seront multipliées et la longueur des instances indéfinie ; qu'en admettant que le tribunal parvienne à rendre une sentence, elle ne présentera nulle garantie d'impartialité ; que, fût-elle rendue avec la plus grande équité, l'exécution des jugements serait toujours impossible contre l'indigène, par suite de l'inviolabilité du harem et de l'immunité reconnue aux biens des mosquées.

Restait à élucider la question complexe du consentement des puissances. Là encore nous avons fait voir que des erreurs de fait ont voilé la réalité de la situation ; que la France est loin d'être à cet égard aussi isolée qu'on paraît le croire, et qu'une adhésion unanime n'a été obtenue par l'Egypte qu'après l'adhésion donnée par le cabinet français ; d'où il résulte que la liberté d'action de l'Assemblée nationale ne saurait être influencée par la crainte de voir notre pays en dehors du concert européen ; que cette éventualité, dût-elle se réaliser un instant, il faudrait la considérer comme une occasion inespérée de rendre à notre pavillon la clientèle morale de toutes les colonies européennes du Levant.

Nous avons signalé enfin les moyens pratiques d'inspirer au Khédive une déférence sans bornes pour les résolutions de l'Assemblée, au cas où elle maintiendrait, en ce qui nous regarde, l'œuvre de prévoyance qui, depuis des siècles, garantit aux étrangers la sécurité en Orient.

Notre tâche est accomplie.

En nous reportant aux diverses phases parcourues depuis trois ans par la question sur laquelle nous cherchons aujourd'hui à répandre de nouvelles lumières, peut-être nous est-il permis d'espérer que, cette fois encore, la vérité n'aura pas été dite en vain sur ce grand intérêt national.

Comte de MAILLARD de MARAFY,
Licencié en droit.

TABLE

Avant-propos 3

Question préjudicielle. — La France peut-elle traiter valablement avec le Khédive ? 5

Position de la question 7

    I. Les Capitulations constituent-elles une garantie surannée 8

    II. La vérité sur le progrès en Égypte 11

    III. Le droit de juridiction consulaire en Égypte d'après les textes 16

    IV. Comment la Réforme, loin d'assurer l'unité de juridiction, ne fait qu'introduire une complication nouvelle dans le système de la multiplicité des juridictions 20

    V. Dispositions du Règlement contre la vénalité des juges 24

    VI. Ce qu'il en est de l'indépendance des juges indigènes dans les tribunaux mixtes existants 25

    VII. Exécution des jugements 27

    VIII. De l'exécution des jugements contre les Daïrias du Khédive et des princes 31

    IX. La Réforme judiciaire dans les autres provinces turques 32

    X. Le Conseil des conflits 33

    XI. Les nouveaux Codes égyptiens 35

    XII. Ce que sera la jurisprudence des nouveaux tribunaux 39

    XIII. Des avocats 42

    XIV. Distribution des siéges 42

    XV. Les privilégiés 43

    XVI. Opinion de M. le duc Decazes sur le rôle des juges de la Réforme 44

    XVII. Opinion de Napoléon III sur la Réforme judiciaire 45

    XVIII. Opinion des Messageries maritimes 46

    XIX. Opinion de M. le marquis de Cazeaux 46

    XX. Opinion de M. de Lesseps. — Situation de la Compagnie du Canal de Suez au regard de la Réforme judiciaire 47

XXI. Opinion de M. de Rémusat... 49

XXII. La Réforme judiciaire porte-t-elle atteinte aux Capitulations?......... 49

XXIII. Conséquences d'une épreuve de cinq ans.................................. 51

XXIV. L'Intérêt des autres puissances dans la question de la Réforme judiciaire en Égypte... 52

XXV. Quel est le but poursuivi par le Khédive................................. 56

XXVI. Règlement des réclamations pendantes.................................... 57

XXVII. Améliorations à introduire dans la juridiction consulaire............. 59

XXVIII. Cas où l'Assemblée nationale repousserait le projet de Règlement..... 62

Conclusion 67

Paris. — Imp. Nouv. ass. ouv.), 14, r. des Jeûneurs. — G. Masquin et Cᵉ